저는 NFT 미술 투자가 처음인데요

저는 NFT 미술 투자가 처음인데요

초판 1쇄 인쇄 2022년 5월 31일
초판 1쇄 발행 2022년 6월 10일

지은이 늪미(김중혁)

펴낸이 우세웅
책임편집 김은지
기획편집 한희진 김휘연
콘텐츠기획·홍보 전다솔
북디자인 이유진

종이 페이퍼프라이스㈜
인쇄 (주)다온피앤피

펴낸곳 슬로디미디어그룹
신고번호 제25100-2017-000035호
신고연월일 2017년 6월 13일
주소 서울특별시 마포구 월드컵북로 400, 상암동 서울산업진흥원(문화콘텐츠센터)5층 22호

전화 02)493-7780 | **팩스** 0303)3442-7780
전자우편 slody925@gmail.com(원고투고·사업제휴)
홈페이지 slodymedia.modoo.at | **블로그** slodymedia.xyz
페이스북·인스타그램 slodymedia

ISBN 979-11-6785-009-6 (03320)

저는 NFT 미술 투자가 처음인데요

초보자도 NFT를 만들고 사고파는,
가장 쉬운 NFT 안내서

눕미(김중혁) 지음

슬로디미디어

프롤로그

유튜버가 쓴 쉬운 NFT 책

2021년 하반기, 제가 NFT에 대해 본격적으로 공부를 시작할 때만 하더라도 NFT와 관련된 책은 두세 종에 불과했습니다. 그래서 책에서 얻지 못한 지식은 해외 웹사이트를 통해 습득했지요. 그러나 지금은 NFT에 대한 대중의 관심이 높아져 NFT 관련 도서들이 서점의 한 코너에 당당히 자리 잡게 되었습니다. 훌륭한 이력과 경험이 많은 대학교수부터 기업 임원분들까지 내로라하는 분들이 NFT 관련 도서를 집필하다 보니 NFT에 대해 공부하기 쉬운 때가 온 것 같기도 합니다.

처음 책 출간을 제안받았을 때, 저의 지식이 그분들보다 부족할 수밖에 없기에 부담이 된 것도 사실입니다. 그러나 유튜버의

강점은 가장 보통의 사람들과 소통하는 데에 있다고 생각합니다. 그래서 이 책은 제가 유튜버로서 시청자들과 소통했던 경험을 바탕으로 'NFT를 일반인도 쉽게 이해할 수 있도록 돕는 것'을 첫 번째 목적으로 썼습니다.

글로만 설명이 부족한 부분은 관련 유튜브 영상의 QR코드를 통해 접하실 수 있으며, NFT 관련 업데이트 정보는 지속해서 유튜브에 실을 예정입니다. 이 책이 NFT를 이해하고 트렌드를 읽어 나가는 데에 발판이 될 수 있기를 바랍니다.

차례

PART 3

NFT 사용설명서: 구매와 제작하기

PART 4 NFT 실전편: 작가

PART 5 NFT 실전편: 컬렉터

PART 6 NFT 아트를 하는 사람들

NFT 미술 투자자에게 묻다 1

NFT 5문5답

1. NFT 투자에 도전하려는 사람이 많아진 요즘입니다. NFT란 무엇이며, NFT의 미래 가능성은 무엇인가요?

NFT는 IT 기술의 하나입니다. 그러나 NFT를 처음 접하는 분들께는 기술적 정의보다 'NFT로 무엇을 할 수 있는가?'라는 물음이 더 중요할 것 같습니다.

NFT의 가치는 '디지털 파일에 소유권을 부여했다'에 있습니다. 기존 디지털 파일에는 저작권 개념밖에 없었습니다. '내가 A라는 파일을 만들었다'라는 개념은 성립했지만, '내가 A라는 파일을 갖고 있다'라는 개념은 성립하지 못했지요. 왜냐하면, 디지털 파일은 복사가 가능하고, 복사된 파일과 원본 파일에 차이가 없기 때문이었습니다. 그러다가 NFT가 등장했습니다. NFT는 이런 디지털 파일에 붙은 일종의 꼬리표로 보시면 됩니다. 이 꼬리표는 사람들의 거래를 투명하고 안전하게 기록하고 보관하는 특징을 갖고 있습니다. 이렇게 NFT를 활용한 디지털 소유권 개념은 생긴 지 몇 년 되지 않았습니다. 그래서 여전히 우리 주위에는 NFT에 대해 잘 모르고 낯설어하는 사람이 많습니다. 우리가 NFT에 대해 아는 것은 기술적인 이해일뿐 그 활용성을 찾아가는 단계라고 볼 수도 있겠습니다. 앞으로 NFT는 우리 일상에 얼마나 사용될까요? 그 단서는 일상을 살펴보면 쉽게 알 수 있습니다. 카카오 택시는 콜택시가 디지털화한 것이고, 배달의 민족은 배달음식점 책자를 디지털화한 것입니다. 코로나19로 전 국민이 사용했던 QR체크인도 수기로 작성하던 방문 명부가 디지털화한 것이죠. 정부도 디지털 플랫폼 정부로 탈바꿈하겠다고 선언한 지 오래입니다. 일상이 디지털로 변하는 속도는 가속할 예정입니다.

이런 디지털 경제 속에서 디지털 파일의 소유권은 더욱더 중요해질 것입니다. 따라서 NFT를 당장의 투자 수단으로 접근하기보다 우리 일상에 어떤 영향을 미칠지에 대해 고민하고 그 속에서 기회를 모색하는 것이 중요하다고 생각합니다.

2. NFT 투자에 뛰어들게 된 계기가 있으신가요?

저는 영상 콘텐츠를 제작하면서 자연스럽게 미술사를 공부하고 미술 트렌드를 접했습니다. 그러다가 미술 관련 유튜브 채널을 운영하며 NFT를 처음 알게 되었지요. NFT에 관련한 첫 소식은 2021년 2월에 비플(Beeple) 작가의 NFT 작품이 생존 작가 중 세 번째로 비싼 가격에 낙찰되었다는 뉴스였습니다. NFT가 무엇이길래 쟁쟁한 작가들을 제치고 비플이라는 웹디자이너의 NFT 작품이 고가의 작품이 되었을까 궁금했습니다. 그래서 예전부터 작품을 소장하고 싶을 만큼 좋아했던 전병삼 작가의 NFT 작품을 구매해 보았습니다. 제 최초의 미술품 구매였지요. 당시에는 NFT 작품이라서 구매했다기보다는 행위 예술이나 디지털 아트와 같은 미술의 새로운 장르라고 생각했습니다.

구매 후 자연스럽게 NFT 작품을 소개하고, 구매 방법을 콘텐츠로 제작해 유튜브에 올렸습니다. 2021년 3월에 올렸는데 8개월 뒤인 11월에 반응이 왔습니다. 많은 분이 NFT에 관심을 두기 시작한 무렵이었죠. 그래서 본격적으로 NFT를 공부하고 콘텐츠를 제작해 보자 마음먹게 되었습니다. NFT 영상을 올린 뒤의 구독자 수와 조회 수는 전과 비교할 수 없을 정도로 상승했고, 그 덕분에 저도 강의를 나가는 등 다양한 활동을 하게 되었습니다.

3. NFT를 구매하려면 무엇부터 해야 하며, 주의사항은 무엇일까요? 초보자를 위한 팁이 있다면 알려주세요.

NFT 구매는 일반적인 인터넷 쇼핑처럼 회원가입을 하고, 장

바구니에 물건을 넣고 결제하는 것과는 다릅니다. 구매 방법에 관한 공부가 조금 필요하지요(이 책에는 NFT 구매 방법에 대해 자세히 나와 있습니다).

NFT를 구매할 때 가장 주의할 점은 정부나 거래하는 마켓 플레이스가 '거래자 간 피해에 대해 보상해 주지 않는다'라는 것입니다. NFT 거래는 철저하게 개인과 개인의 거래입니다. 따라서 거래 시 발생하는 모든 피해는 개인이 책임져야 합니다. 손해를 보지 않으려면 몇 가지 사항을 확인해야 합니다.

첫째, 진품 여부를 확인하세요. 디지털 파일 특성상 NFT 미술품은 다른 사람의 창작물을 자기 창작물인 양 올리는 것이 가능합니다. 반드시 해당 작가의 SNS나 개인 홈페이지, 다이렉트 메시지 등을 통해 진품 여부를 확인하세요. 대부분의 NFT 작가는 SNS를 노출하기 때문에 연락이 어렵지 않습니다.

둘째, 창작자의 미래 활동 가능성을 살펴보세요. 아트테크의 성공 여부는 해당 작가가 앞으로도 계속 작품 활동을 하느냐 하지 않느냐에 달렸습니다. NFT는 진입 장벽이 낮은 만큼 잠깐 해보다가 그만두는 사람도 많고, 이들의 NFT 작품은 가치가 떨어질 확률이 매우 높습니다. 지금은 인정받지 못하더라도 꾸준히 작업하는 창작자의 작품에 투자하세요. 물론, 미래의 일이기에 창작자가 계속 작업할지 안 할지 완전히 알 수는 없습니다. 최대한 지금 확인할 수 있는 정보를 찾아보는 게 최선입니다. 작가의 SNS나 개인 홈페이지를 통해 언제부터 창작 활동을 해 왔고, 어떤 철학으로 작품 활동을 하는지 살피세요. 첫 번째 때와 마찬가지로 SNS 다이렉트 메시지로 작품에 관한 설명을 부탁할 수도 있습니다.

셋째, 개인 창작자가 아닌 팀 단위로 진행되는 NFT 프로젝트에 투자한다면 앞서 언급한 주의사항 외에 로드맵을 확인하는 것이 중요합니다. 로드맵이란 해당 팀의 향후 NFT 프로젝트 방향을 설명하는 자료입니다. 이 로드맵을 통해 투자자는 NFT 프로젝트의 운영 철학을 알 수 있습니다. 단순한 이익만을 좇는지, 명확한 비전과 철학을 갖고 운영하는지를 말이죠. 투자는 이러한 비전에 공감하고, 경쟁력이 있는지를 직접 판단해 실행하는 것입니다. 물론, 로드맵 또한 확정된 약속이 아니기에 작업을 보장할 수는 없으므로 신중해야 합니다.

4. 소장하거나 투자할 만한 NFT는 어떻게 골라야 하나요? 작가님만의 특별한 노하우가 있을까요?

저는 NFT 투자를 하이리스크 투자라고 생각합니다. 주식이나 부동산은 투자 대상의 가치를 측정할 만한 도구가 많지만, NFT는 그렇지 않기 때문입니다. 주식은 분기마다 발행되는 회사 사업보고서와 재무제표, 증권사 리포트 등이 있고, 부동산은 장기간에 걸친 시세 변화에 따른 비교 분석 자료가 있지요. 그러나 NFT는 이러한 객관적 정보가 매우 적습니다. 뉴스 기사 하나에 가격이 요동치는 게 NFT입니다. 그래서 NFT 투자는 정량화된 데이터보다 개인의 판단, 감에 의지하는 수밖에 없습니다. 작품을 보는 안목을 키우는 게 중요합니다.

투자할 NFT를 선정할 때는 많이 공부하고 많이 찾아보세요. 공부한 시간이 쌓여야 확신할 수 있고, 가격이 급등락할 때 중심을 잡을 수 있습니다. 찾아야 할 자료는 NFT 창작자에 관한 정보, 과거 이력, 로드맵 등 다양합니다. 찾아볼 수 있는 건 다 찾아봐야 합니다. 저는 현재 08AM 작가와 전병삼 작가의 NFT 작품만 보유 중입니다. 그 이유는 제가 잘 아는 작가이기 때문입니다. 두 작가 모두 인터뷰한 적이 있거든요. 저는 이미 그들의 작품에 대한 열정과 작품 세계에 대해 듣고 공감한 경험이 있습니다. 또한, 인터뷰를 위해 개인적으로 과거 작품과 이력을 확인하고, 다른 매체의 인터뷰 기사를 꼼꼼히 본 경험이 있지요. 그 덕분에 망설이지 않고 작품을 구매할 수 있었습니다. 개인적으로는 성공한 투자라고 판단합니다. 두 작가 모두 꾸준하게 활동하고 있고, 그것이 가격에 반영되는 데는 시간이 필요하다는 믿음이 있기 때문입니다.

5. NFT를 투자의 관점으로 본다면 고가에 팔 수 있어야 할 텐데요. 어떻게 작품의 가치를 높일 수 있을까요?

자신이 보유한 NFT의 가치를 높이기 위해 컬렉터가 할 수 있는 일은 홍보대사가 되는 것입니다. 아직도 NFT의 가치는 인지도에 따라 결정되고는 합니다. 유명인이나 누구나 알 만한 기업이 보유한 NFT에 대한 기사가 뜨면, 해당 창작자의 작품 가격이 급상승하는 현상이 심심치 않게 보입니다. 따라서 자신의 NFT의 가치를 높이고 싶다면, 자신의 SNS에 작품을 소개해 인지도를 높이세요. NFT 정보는 주식이나 부동산처럼 믿을 수 있는 기관의 검수를 거쳐 공시되지 않습니다. 아직도 트위터 같은 SNS나 온라인 커뮤니티를 통해 사람들의 말로 전달됩니다. 즉, 대기업의 주가는 홍보해도 오르지 않지만, NFT는 홍보하면 오르기도 합니다. 내가 올린 트윗을 다른 사람이 자신의 팔로워들에게 리트윗하는 식으로 소문이 퍼지면, NFT 정보가 퍼집니다. 입소문을 타서 인지도가 오르면 NFT의 가치가 높아진다고 보면 됩니다.

NFT 미술 투자자에게 묻다 2

나의 NFT 이야기

NFT 작품으로 첫 아트 컬렉터가 되다

제가 처음으로 구매한 NFT 작품은 미디어 아티스트 전병삼 작가의 첫 NFT 작품입니다. 전병삼 작가는 2018년 12월에 알게 된 작가입니다. 처음부터 그의 작품을 소장하고 싶었지만, 비용 문제 등 여러 이유로 구매하지 못하고 있었습니다. 그러다가 2021년 2월경에 인터뷰할 기회가 생겨서 작업실에 방문했다가 NFT 작품을 준비하고 있다는 소식을 듣고 구매를 마음먹게 되었습니다. 인터뷰하며 느낀 작가의 작품 세계도 마음에 들었지만, 무엇보다 한 작가의 첫 번째 NFT 작품이라는 것에 의미가 있다고 보았거든요. 그렇게 해서 거금 400만 원(당시 2이더)으로 전병삼 작가의 첫 NFT 작품을 소장하게 되었습니다.

처음 작품을 구매해서 제 소유가 되었을 때의 느낌은 실물 작품을 구매한 것과 다르지 않았습니다. 원하던 작품을 소유하게 되었다는 만족감, 사람들에게 당당히 보여줄 수 있다는 자부심 등 모든 것이 똑같았습니다. 보고 싶으면 언제든지 모바일이나 PC를 켜서 감상할 수 있고, 디지털 액자를 사용하면 실물 작품처럼 전시할 수 있다는 것이 매력이었죠. 그리고 '전병삼 작가가 더 유명한 아티스트가 된다면 제가 보유한 전병삼 작가의 최초의 NFT 작품 시리즈가 엄청난 가치를 가질 수 있지 않을까?'라는 꿈도 꿀 수 있었습니다.

당시 NFT 작품을 구매한 생생한 후기는 아래 QR코드를 통해 유튜브 영상으로 보실 수 있습니다.

<LOST: ETH Diamond Rainbow>, 전병삼

원본 작품 주소
(오픈씨)

첫 NTF 작품 구매
후기(유튜브)

NFT 아트에 관심 두게 된 계기

제가 처음 NFT에 대해 관심을 가진 것은 2021년 2월, 비플 작가의 작품이 생존 작가 중 세 번째로 비싼 가격에 판매되었다는 소식을 듣고 나서입니다. 비플보다 비싼 작품의 작가는 미국 미술가 제프 쿤스(Jeff Koons)와 영국 미술가 데이비드 호크니(David Hockney) 단 두 명뿐입니다.

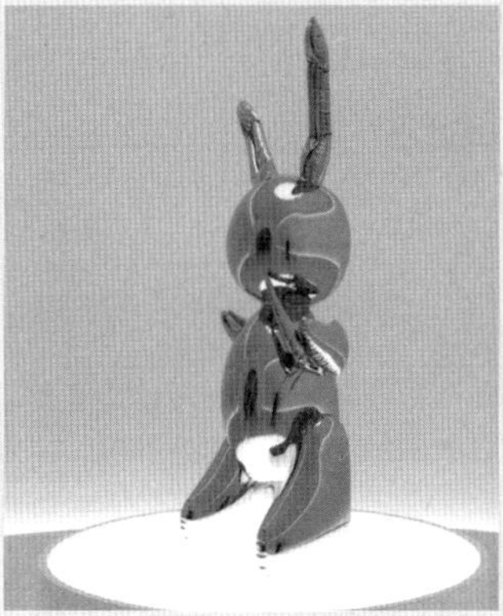

<토끼(Rabbit)>, 제프 쿤스
2019년 5월에 뉴욕 크리스티 경매에서 9,107만 5,000달러(약 1,085억 원)에 낙찰되었다.

<예술가의 초상(Portrait of an Artist)>, 데이비드 호크니
2018년 11월에 뉴욕 크리스티 경매에서 9,031만 2,500달러(약 1,020억 원)에 낙찰되었다.

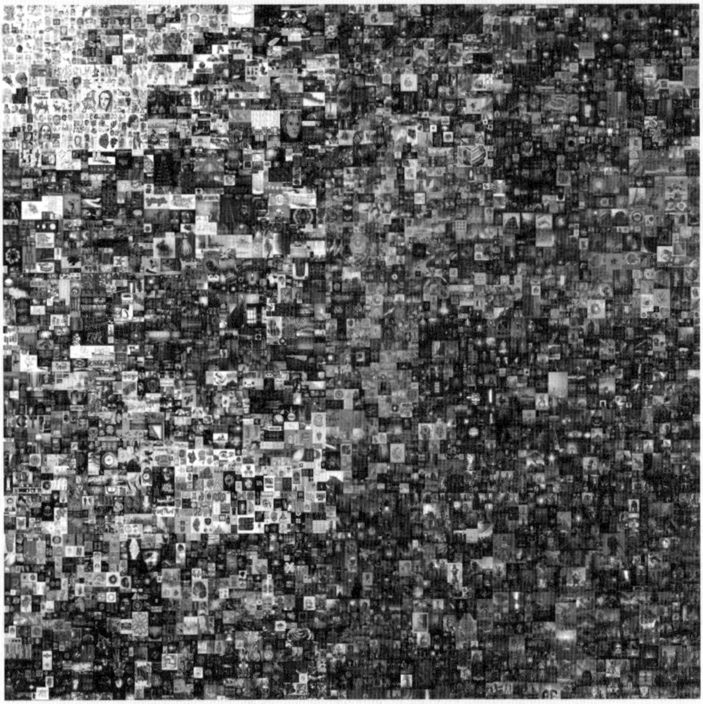

<Everydays: The First 5000 Days>, 비플
2021년 3월에 크리스티 온라인 경매에서 6,935만 달러(약 832억 원)에 낙찰되었다.

'도대체 NFT 아트가 무엇이기에 이렇게 비싼 가격에 판매가 되었을까?' 하는 궁금증에 NFT 아트에 대해 찾아보며 많은 작가가 NFT에 주목해 새로운 시도를 하고 있다는 걸 알았습니다.

미술사에는 예술가의 새로운 시도가 사람들의 인식을 변화시킨 사례가 많습니다. 마르셀 뒤샹(Marcel Duchamp)이 1917년에 발표한 〈샘(Fountain)〉이라는 작품이 대표적일 것입니다. 〈샘〉은 사람들이 생각하는 예술에 대한 정의를 한 단계 확장한 작품이기도 합니다.

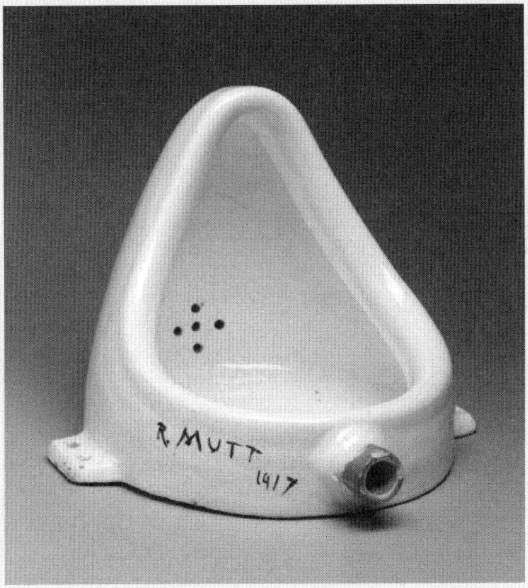

<샘(Fountain)>, 마르셀 뒤샹

이 작품은 우리가 흔히 볼 수 있는 소변기입니다. 당시에는 혁신적인 예술가 집단에서조차 예술로 인정받지 못했지만, 현재는 미술사를 통틀어 가장 의미 있는 작품으로 평가받습니다. 우리가 너무나 잘 아는 앤디 워홀(Andy Warhol)의 판화 작품이나 많은 예술가의 행위예술은 뒤샹의 새로운 시도가 없었다면 지금도 예술로 인정받지 못했을지 모릅니다. NFT 또한 뒤샹의 〈샘〉처럼

예술가들로부터 시작된 새로운 변화가 아닐까 합니다. NFT 아트는 그 자체만으로 충분히 소장할 가치가 있는 것이죠.

NFT를 구매하는 과정은 다소 복잡했습니다. 암호화폐를 구입하고, 지갑을 만들고, 가스비(Gas fee)를 지불하는 과정은 낯설었죠. 그리고 저처럼 NFT를 구매하는 과정조차 낯선 분이 많을 것 같아 이를 영상으로 제작해 유튜브에 올렸습니다. 2년간 미술가와 미술사에 관한 콘텐츠를 다룰 때는 1,900명가량이던 구독자가 NFT 관련 영상을 올린 지 3개월 만에 폭발적으로 늘어 그 두 배가 되었지요. NFT에 대한 대중의 관심이 늘고 있다는 것이 제 채널의 숫자로 나타난 셈입니다.

NFT는 이제 시작이다

제가 NFT 관련 유튜브를 한다고 하면 아직도 NFT가 뭐냐고 물어보는 사람들이 많습니다. NFT의 원조 격인 〈크립토펑크(Cryptopunks)〉가 2017년에 처음 나왔으니 NFT 시장은 5년 정도밖에 되지 않은 신생 시장이기도 합니다.

2007년 스티브 잡스가 처음 아이폰을 선보였을 때는 인류가 포노 사피엔스(phono sapiens, 휴대폰을 신체 일부처럼 사용하는 새로운 세대)라고 불릴 정도로 스마트폰이 우리 일상에서 중요한 물건이 될 것이라고 예상한 사람은 많지 않았습니다. NFT 역시 마찬

가지입니다. 지금은 우리가 아무렇지 않게 스마트폰을 사용하듯 10년 후에는 NFT가 우리 일상에 완전히 녹아 인식조차 하지 않는 IT 기술이 되어 있을지 모릅니다. 그러므로 우리는 지금 NFT를 알아야 합니다. NFT를 알기 때문에 얻게 될 기회가 많기 때문입니다. 당장은 아니더라도 5년 후, 10년 후 NFT와 비슷한 기술들이 주목받고 자본이 몰릴지도 모르죠. NFT를 변동성이 큰 투자 자산으로 바라보기보다 NFT의 진정한 의미와 지금 사람들이 주목하는 이유를 알고 준비하는 것이 현명해 보입니다.

이 책은 처음 NFT를 접하는 분들을 위한 책입니다. NFT 아트를 시작하려는 작가와 컬렉터 입장에서 어떻게 NFT를 만들고, 어떤 NFT를 구매하는 것이 좋은지에 대해 이야기합니다. 책을 다 읽고 나면 NFT에 대한 개념과 사용법에 대해 익히실 수 있을 것입니다. 이 책이 NFT 아트는 물론, 향후 더 다양하게 사용될 NFT의 활용까지 시대의 흐름을 잡는 데에 초석이 되길 바라며, 제가 운영하는 유튜브 채널과 트위터, 인스타그램을 통해 함께 공부한다면 기회를 잡는 데 도움이 될 것입니다.

유튜브 채널 https://www.youtube.com/c/눕미NFT
인스타그램 @Noob_mi
트위터 @Noobmi_
카카오뷰 채널 카카오톡에서 '눕미' 검색

PART 1

NFT 이야기

트위터, 메타, 유튜브, 디즈니, 넷플릭스 등의 글로벌 빅테크 기업과 국내 여러 분야의 기업이 NFT 사업에 뛰어들고 있습니다. 어떻게 활용되고 있는지 궁금하신가요? 관련 현황과 함께 NFT 활용 분야를 이 장에 실었습니다. 태어난 지 얼마 되지 않은 신생 IT 분야인 NFT가 나아가야 할 길을 보완해야 점과 함께 소개합니다.

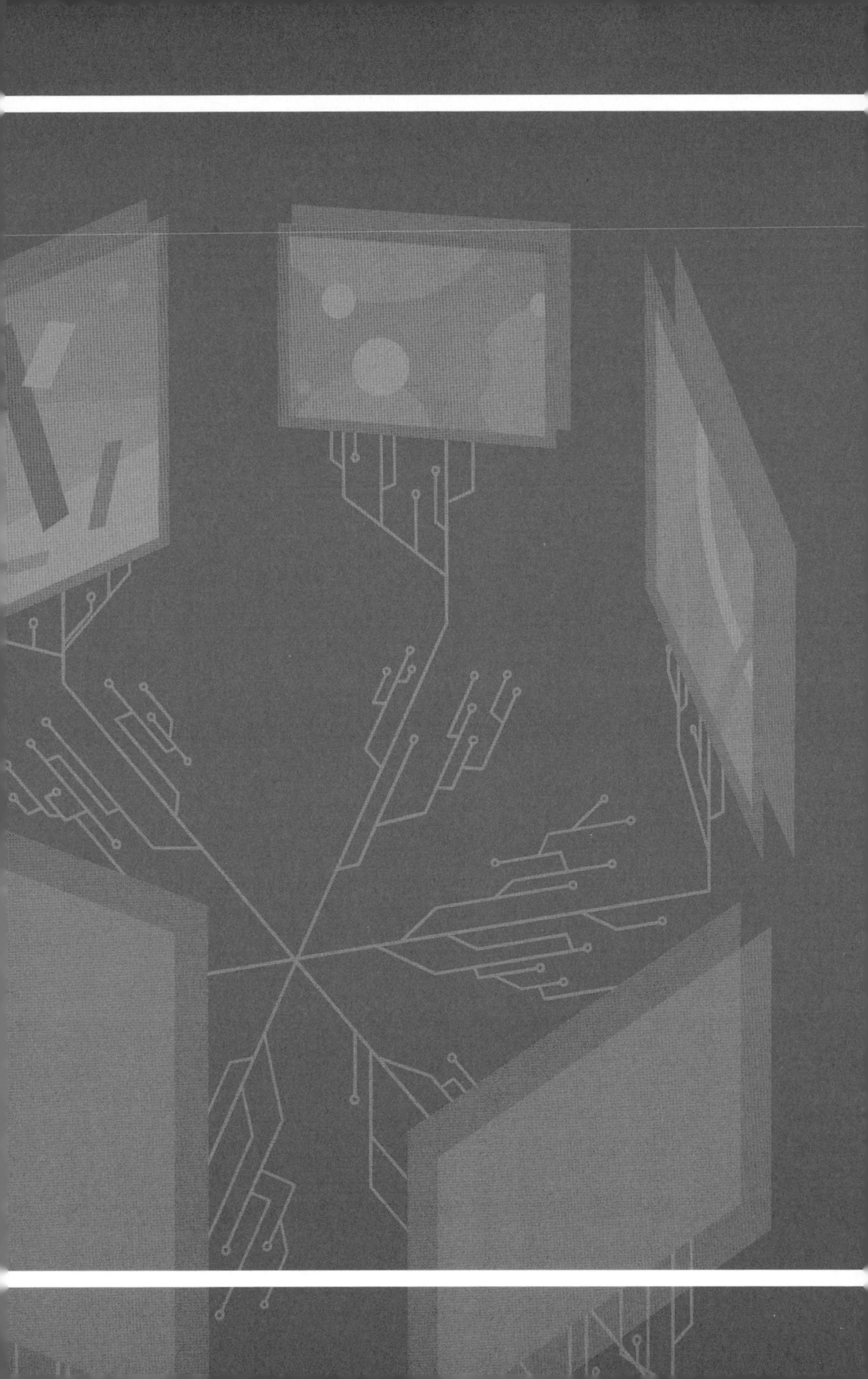

NFT에 뛰어든 기업들

저는 현재 매월, 매주 NFT에 대한 기사를 모아 유튜브와 카카오뷰 채널을 통해 전달하고 있습니다. 이렇게 기사를 모아 정리하면서 'NFT가 정말 대세는 대세구나'라고 느낍니다. 글로벌 빅테크 기업부터 국내 대기업까지 NFT를 사업에 활용하는 기사가 쏟아지기 때문이지요.

영국 콜린스 사전에서는 2021년 올해의 단어로 'NFT'를 선정했고, NFT 거래액은 2021년 249억 달러를 기록, 2020년 9,490만 달러 대비 260배 이상 급증했습니다. 또한, 2022년 1월 거래액은 벌써 사상 최고치를 기록했습니다. NFT에 사회적인 관심과 자본이 집중되는 것입니다. 이렇게 확장세인 NFT 시장을 기업들이 놓칠 리 없습니다. 기존 사업에 NFT 접목하는 기업부터 새롭게 NFT 사업을 시작하는 기업까지 많은 기업이 진출을 선언하고 나선 지금입니다. 그러면 어떤 기업이 자신의 사업에 NFT를 접목하고 있는지부터 살펴보겠습니다.

글로벌 빅테크 기업

트위터(Twitter)는 누구보다 NFT에 진심이고 발 빠르게 기존 사업에 NFT를 접목하고 있는 기업입니다. 트위터의 창업자 잭 도시(Jack Dorsey)부터가 암호화폐와 NFT의 열렬한 지지자입니다. 트위터는 암호화폐와 NFT 투자자들에게 필수인 SNS입니다. 새로 제작되는 NFT 정보도 트위터를 통해 가장 활발히 확산될 정도이지요.

NFT나 암호화폐 관련 트위터 계정을 살펴보면 '○○○.eth'처럼 아이디 끝에 'eth'가 붙어 있는 것도 자주 볼 수 있습니다. eth는 이더리움(Ethereum)의 약자입니다. 자신이 암호화폐와 NFT를 옹호하는 참여자라는 것을 표현하는 것입니다. 이러한 사람들의 표현 욕구를 읽은 것일까요. 트위터는 2022년 1월 20일경 사용자들이 프로필 사진을 NFT로 설정할 수 있는 서비스를 출시했습니다. 기존에는 사용자가 자신의 계정에 NFT 프로필 사진을 사용해도 이것이 남의 사진을 캡처한 것인지, 진짜 구매한 것인지 알 수 없었던 반면, 이 서비스를 사용함으로써 구매한 NFT 작품이라는 걸 증명할 수 있게 된 것이죠. 구체적으로는 사용자의 계정과 암호화폐 지갑을 연동시켜 지갑 속 NFT를 사용할 수 있게 했습니다. 이 서비스를 사용하면 육각형 이미지로 표시됩니다.

NFT 인증 프로필 사진은 육각형 모양으로 표시되지만,
복사한 이미지는 동그라미로 표시된다.

그다음 구체적인 계획을 발표한 기업은 페이스북과 인스타그램으로 유명한 메타(Meta)입니다. 2022년 3월 15일, 메타의 CEO 마크 저커버그(Mark Elliot Zuckerberg)는 NFT를 인스타그램에 도입하겠다고 밝혔습니다. 2022년 1월 미국의 파이낸셜 타임즈 또한 메타가 대표 서비스인 페이스북과 인스타그램의 프로필에

NFT 표시 기능을 준비하고 있다고 하며, 사용자가 직접 NFT를 만들고 발행할 수 있는 프로토타입 서비스 개발 소식까지 전했습니다. 트위터처럼 NFT를 프로필 사진으로 활용할 수 있는 서비스와 사용자가 NFT를 쉽게 제작하고 유통할 수 있는 마켓 플레이스까지 선보이지 않을까 싶습니다. 사실 메타는 기존의 페이스북에서 메타로 사명을 바꾸기까지 할 정도로 메타버스에 진심인 기업입니다. 메타의 주요 개발 분야인 메타버스 서비스 '호라이즌' 역시 NFT를 도입한 다양한 서비스를 선보일 것으로 기대됩니다. 메타버스의 대표 기업의 하나인 메타의 행보를 지켜보는 것은 앞으로 NFT의 활용성을 파악하는데 중요한 사례가 될 것입니다.

많은 사람이 즐겨 보는 유튜브(YouTube)도 NFT를 도입한다고 밝혔습니다. 2022년 1월, 유튜브의 CEO인 수전 워치츠키(Susan Wojcicki)가 크리에이터들이 NFT와 같은 신기술로 수익을 창출할 방안을 마련하겠다고 한 것입니다. 아직 구체적인 계획이 발표된 건 아니지만, 국내 라이브 인터넷 방송의 선두 기업인 아프리카TV가 2021년 BJ들의 NFT를 출시한 것으로 보아 유튜브 크리에이터나 인기 콘텐츠를 NFT화하거나, 채널 멤버십을 NFT로 전환해 크리에이터들의 채널을 구매한 시청자끼리 거래하는 서비스가 제공될 것으로 보입니다.

마블, 픽사, 스타워즈 등을 보유한 글로벌 IP 공룡 기업 디즈니(Disney) 역시 NFT 사업에 시동을 걸고 있습니다. 2021년 12월 23일에 미키마우스 NFT를 발행하고, 2022년 상반기부터 관련 인력 채용에 열을 올리고 있기 때문입니다. 디즈니가 보유한 막강한 IP를 바탕으로 어떤 NFT 비즈니스를 펼치게 될지 기대됩니다.

미키마우스 NFT 컬렉션

세계 최대의 OTT 서비스 기업인 넷플릭스 역시 NFT를 사업에 접목하기 위한 고민에 들어간 것 같습니다. 2022년 1월 22일 넷플릭스는 자신들의 공식 트위터 계정에 'NFT에 대해서 어떻게 생각하십니까?'라는 문구를 올렸습니다. 가입자 수가 감소하는 상황에서 새로운 성장 동력을 위해 NFT를 고려하는 걸로 보입니다.

2022년 1월 22일 넷플릭스의 트윗

국내 대기업

국내 시가 총액 1위 기업인 삼성전자는 직간접적으로 NFT에서 새로운 기회를 찾고 있습니다. 2022년 1월 삼성전자는 TV에 NFT를 감상하고 거래할 수 있는 기능을 넣는다고 밝혔습니다. '소유하는 NFT에서 감상하는 NFT'로의 확대가 기대되는 대목입니다. 알고 보면 삼성전자는 꽤 오래전에 암호화폐 관련 서비스를 고객에게 선보인 바 있습니다. 2019년 출시한 갤럭시S10에는 암호화폐 지갑을 넣었고, 이후 출시한 스마트폰은 해당 기능을 모두 탑재했으니까요. 또한, 삼성전자는 자회사인 투자전문회사 삼성 넥스트를 통해 NFT 게임 개발사 '대퍼랩스', NFT 아트 플랫폼 '슈퍼레어', NFT 메타버스 플랫폼 '더 샌드박스' 등 NFT 관련 기업에 투자함으로써 그간 암호화폐와 NFT에 대한 관심을 꾸준히 표현하고 있던 것으로 보입니다. LG전자 또한

TV에 NFT를 감상할 수 있는 서비스를 진행하며, 암호화폐와 NFT 사업을 위해 2022년 3월 정기 주주총회를 통해 관련 사업 목적을 문서화했습니다.

국내 빅테크 기업인 네이버와 카카오 역시 NFT 사업을 진행하고 있습니다. 특히 카카오는 자회사 그라운드X를 통해 2019년 자체 블록체인인 클레이튼(klaytn)을 선보이고, 2021년 7월 클립드롭스(klipdrops)라는 NFT 마켓 플레이스를 출시하는 등 네이버보다 속도감 있게 진행하는 모습입니다. 클립드롭스는 출시 6개월 만에 거래액이 약 100억 원에 이를 정도로 자리를 잡았습니다. 네이버는 자회사 라인을 통해 2022년 상반기 도시(DOSI)라는 NFT 마켓 플레이스를 출시할 계획입니다. 양사 모두 메신저와 웹툰 플랫폼이라는 강력한 IP를 장착하고 있고, 카카오톡과 라인이라는 국민 메신저가 있기에 향후 이를 활용한 NFT 사업 전략이 궁금해집니다.

NFT와 어울리지 않을 것 같은 기업인 LG생활건강의 화장품 브랜드 빌리프도 NFT로 진출했습니다. 후, 오휘, 숨:37 등의 브랜드가 아닌 빌리프를 NFT에 접목한 이유는 주 고객이 디지털에 익숙한 MZ 세대이기 때문일 것입니다. 구체적으로 허브를 기반으로 한 제품이라는 브랜드 스토리에 맞게 '빌리프 유니버스'라는 세계관을 만들어 허브숍 점원, 요정 등의 캐릭터를 NFT에 접목해 선보였습니다. 이를 통해 충성고객을 늘릴 계획을 밝

히기도 했습니다.

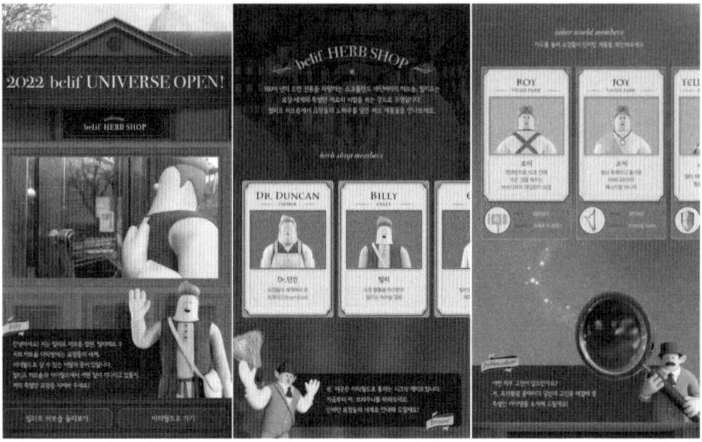

(출처: 빌리프 홈페이지)

빌리프 유니버스

엔터테인먼트

소속 셀럽으로 무장한 엔터테인먼트사도 NFT 사업에 적극적입니다. BTS의 소속사 하이브는 2021년 11월 국내 최대 암호화폐 거래소인 업비트를 운영하는 두나무와 함께 NFT 진출을 선언하였으며, SM엔터테인먼트의 계열사 SM 브랜드마케팅과 YG엔터테인먼트는 2022년 2월에 세계 최대 암호화폐 거래소인 바이낸스와 MOU를 맺었습니다. 대형 암호화폐 거래소와의 전략적 제휴를 통해 셀럽을 활용한 NFT 사업을 준비하는 모양새입니다. 특히, 큐브엔터테인먼트는 크립토 전문 투자사인 애니모카 브랜즈(Animoca Brands)와 손잡고 '애니큐브'라는 합작사를 만들어 뮤직 메타버스를 만들겠다는 계획을 밝혔습니다. 개별 아티스트의 진출 소식도 많습니다. 세븐, 개코, 송가인, 브레이브걸스 등 많은 아티스트가 자신의 IP를 활용하여 NFT 사업으로 진출하고 있습니다. 이 중 눈에 띄는 것은 가수 선미가 소속된 어비스컴퍼니입니다. 어비스컴퍼니는 단순히 소속 가수의 NFT 판매뿐만 아니라 '선미야클럽'이라는 NFT 커뮤니티를 만들어 NFT를 소유한 팬들에게 팬 미팅, 미니콘서트 등의 혜택을 제공할 예정입니다. NFT를 활용한 새로운 팬클럽 문화를 만들지 귀추가 주목됩니다.

(출처: 선미야클럽 홈페이지)

선미야클럽

유통·패션업계

종이로 된 제품 보증서를 NFT로 대체하려는 움직임이 활발합니다. NFT 보증서의 장점은 무엇일까요? 우선 분실의 우려가 없고 위변조가 불가능하며, 이력 관리가 쉽습니다. 어떤 제품이 어디서 판매되고 누가 구매했는지 또 2차 판매가 된다면 그 소유자는 누구인지 등이 자동으로 기록됩니다.

2021년 4월, 글로벌 명품 브랜드 3사인 루이비통, 까르띠에, 프라다는 모조품 생산 방지를 위해 블록체인 플랫폼 '아우라'를 출시했습니다. 소비자는 아우라 플랫폼을 이용해 제품의 고유 식별번호인 디지털 코드를 받을 수 있습니다. 이 코드가 있으면 해당 제품의 제조국과 유통 과정, 소유권 등의 정보를 조회할 수 있습니다. 조금 더 믿을 수 있는 명품 쇼핑을 할 수 있는 셈입니다. 이러한 NFT 제품 보증서는 중고 거래도 안전하게 합니다.

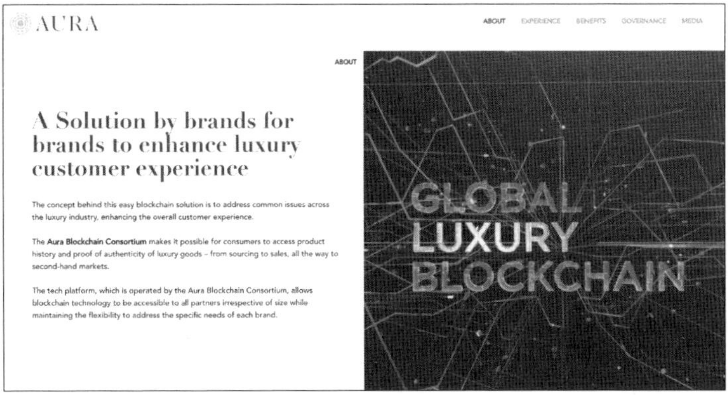

(출처: AURA 홈페이지)

AURA 홈페이지

국내 온라인 유통기업인 SSG.COM에서도 명품을 증명하는 디지털 보증서인 'SSG 개런티' 서비스를 선보였습니다. SSG.COM의 명품 브랜드 공식 스토어 상품과 검증된 판매자가 판매하는 병행 수입품 중 'SSG 개런티' 로고가 부착된 상품에 디지털 보증서를 발급합니다.

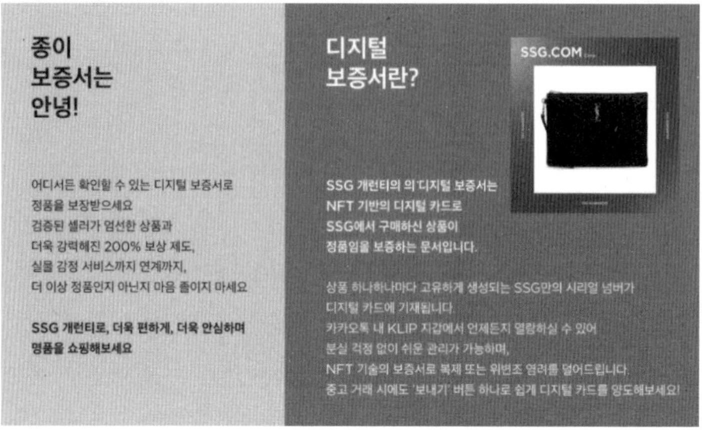

(출처: SSG.COM 홈페이지)

SSG 개런티 설명

발급 방식 간단합니다. 소비자가 'SSG 개런티'가 명시되어 있는 제품을 구매하면 카카오톡으로 메시지가 전달되고, 해당 메시지를 카카오톡의 블록체인 지갑인 '클립(Klip)'에 보관하면 됩니다. 보관한 NFT 제품 보증서는 선물이나 중고 거래 시 상대방에게 카카오톡으로 쉽게 전달할 수 있습니다.

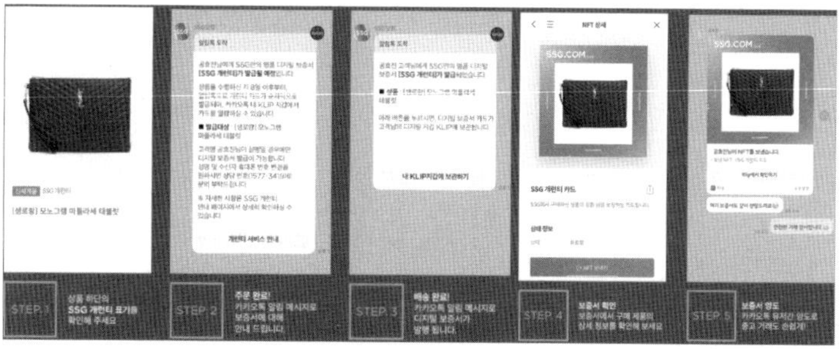

(출처: SSG.COM 홈페이지)

SSG 개런티 사용법

이렇게 유통과 패션업계는 NFT의 높은 보안과 신뢰성을 이용해 실물 제품을 보증하고 있습니다. 이 외에 다양한 NFT 활용 사례와 NFT 관련 새로운 소식을 카카오뷰 서비스를 통해 매주 전달해 드리고 있으니 관심 있는 독자라면 친구 추가를 하여 받아보셔도 좋을 것입니다.

눕미의 NFT 소식
(카카오뷰)

우리 일상에 스며든 NFT

NFT의 가장 큰 특징은 '높은 신뢰도와 탈중앙성'입니다. 이러한 특징을 보일 수 있는 이유는 바로 블록체인 기술을 기반으로 하기 때문입니다(블록체인 기술에 대한 자세한 내용은 파트 2에서 자세히 다룰 예정입니다). 물론, NFT는 아직도 초기 단계로 새로운 시도를 통해 활용성을 시험하는 단계입니다. 따라서 활용 방법을 아직 다 알 수는 없습니다. 그러므로 이번 장에서 그간 NFT가 활용된 사례 중 어느 정도 자리 잡은 방법을 소개합니다.

예술

예술 분야야말로 NFT를 가장 잘 활용하면서, 대중의 관심을 받게 한 분야입니다. 실물 작품과 디지털 작품의 가장 큰 차이점은 소유권의 존재 여부였습니다. 실물 작품은 소장과 2차 판매가 가능하지만, 디지털 작품은 복사해도 원본과 똑같기에 그러지 못했죠. 그래서 디지털 아트는 작품을 소장하는 것보다는 다른 사람이 작품을 전시하거나 사용할 수 있는 권리가 더 중요했습니다. 즉, 저작권이 더 중요했습니다. 그러나 NFT의 등장은 디지털 작품도 소유권을 인정받고 거래할 수 있게 했으며, 디지털 아티스트들에게 큰 부를 안겨주기도 했습니다.

NFT는 기존의 예술 작품 유통의 단점을 보완하는 데에 의의가 있습니다. 이전에는 창작자의 경우, 스스로 압도적인 작가가 되기 전에는 갤러리에 의존해야 했습니다. 그러나 지금은 NFT 아트로 인해 창작자 스스로 디지털 작품을 유통하고, 작품이 원본임을 증명할 수 있게 되었습니다. 이러한 변화가 NFT의 높은 신뢰성과 탈중앙성을 이끌었다고 볼 수 있습니다. 특히 비플 작가의 작품이 크리스티 온라인 경매에서 약 832억 원에 낙찰된 사건은 본격적으로 NFT 아트의 존재를 드러내는 계기가 되었으며, 많은 작가를 NFT 아트 시장으로 뛰어들게 했습니다. NFT가 디지털 아트에 가져다준 작품의 소유권과 거래 방식이 디지털 아트의 혁명과도 같은 일이 된 것입니다.

온라인 프로필 사진

NFT가 겨우 프로필 사진으로 사용되는 것이 너무 시시하지 않냐고 생각하는 분들이 있을지 모르겠습니다. 하지만 프로필 사진은 현대사회에서 나를 표현하는 가장 대표적인 수단입니다. 카카오톡 프로필 사진을 설정하면서 어떤 사진을 고를까 잠깐이라도 고민했던 경험이 모두 있으실 것입니다. 고급 식당에서 식사하는 자신의 옆모습이라든지, 멋진 여행지에서 무심한 듯 서 있는 사진이라든지, 어떤 사진이 나를 잘 표현할 수 있을까 고민하면서 말이죠. '누군가 이 사진을 보면 나를 어떻게 생각할까?'까지 염두에 둡니다. 즉, 프로필 사진은 온라인에서 나를 표현하는 1차 수단입니다.

이런 프로필 사진을 NFT로 하면 어떨까요? 만약 고가의 NFT를 프로필 사진으로 해 둔다면 사람들은 여러분을 경제적으로 부유한 사람으로 볼 것입니다. 자연 보호단체 후원을 위한 NFT를 설정해 두면 환경 문제에 적극적인 사람으로 볼 테고요. 이렇게 NFT 프로필 사진으로 여러분의 가치관을 표현할 수 있습니다. 이런 일은 실제로 일어나고 있습니다. 〈크립토펑크〉라는 세상에서 가장 비싼 NFT가 있습니다. 기본이 억 단위이기 때문에

이 NFT를 트위터의 프로필 사진으로 해 두면 NFT 시장을 옹호하고 크립토 세상의 선구자 같은 이미지를 줍니다. 부를 과시할 수도 있지요. 실제 세상에서 롤렉스 시계를 차고 에르메스 가방을 든 것과 같습니다.

지금은 NFT가 활성화된 트위터 등에서만 볼 수 있는 사례지만, NFT가 대중화되면 인스타그램이나 카카오톡에서도 프로필 사진으로 NFT가 사용될 것입니다. 실제로 2022년 3월에 메타의 마크 저커버그는 인스타그램에 NFT를 도입하겠다고 밝혔으며, 카카오도 지금은 클립드롭스에서만 NFT를 거래하도록 하지만, 곧 카카오톡과 연계하여 구매한 NFT를 프로필 사진으로 설정할 수 있게 할 것입니다. 카카오톡에 암호화폐 지갑인 클립이 들어 있는 것을 보면 충분히 실현 가능한 일입니다.

수집품

어릴 때, NBA 카드가 크게 유행한 적이 있습니다. 비닐로 된 카드 팩을 사면 그 안에 유명 NBA 선수가 찍힌 카드가 몇 장 들어 있었죠. 마이클 조던 카드가 들어 있으면 비싼 가격에 되팔기도 가능했습니다. 많은 아이가 팬심과 희귀 카드를 뽑고 싶은 마음에 카드 팩을 사고는 했습니다.

그리고 NBA는 2019년 7월경, 디지털 시대에 맞게 경기 장면으로 만든 디지털 서비스인 'NBA 탑 샷(NBA Top Shot)'을 내놓았습니다. NBA 탑 샷은 기존의 카드형 수집품과는 달리 선수들의 경기 하이라이트 장면을 NFT로 만든 수집품으로 2022년 1월까지 약 1,600만 건이 거래되었습니다. 유명 선수의 영상일수록, 희귀 등급이 높을수록 비싸며 '전설(Legendary)' 등급 중 현재 NBA 최정상 선수 르브론 제임스의 카드는 2억 원이 넘는 가격에 거래되었습니다. 기존의 카드형 수집품에서 MZ 세대가 좋아할 만한 NFT 서비스를 발 빠르게 준비하는 모습이 여전히 NBA의 인기를 이끄는 요소가 아닐까 합니다.

(출처: NBA TOP SHOT 홈페이지)

NBA TOP SHOT 홈페이지

멤버십 카드

가장 많이 사용되는 멤버십 카드는 통신사 멤버십일 것입니다. 특정 통신사를 사용함으로써 해당 멤버십 카드를 소지하면 영화관, 편의점 등 제휴된 사용처에서 추가 할인 등을 받을 수 있습니다. NFT도 이처럼 특정 커뮤니티의 소속감을 높이기 위한 멤버십 카드처럼 활용됩니다. 대표적인 혜택으로는 '새로 출시된 NFT 무료 제공, NFT 프로젝트 참여 기회 제공, NFT 홀더(보유자)만 참여할 수 있는 행사 개최, 제휴사의 서비스와 제품 할인' 등이 있습니다. 이렇게 NFT 보유만으로 다양한 혜택을 누린다면 NFT의 가치가 올라가고, 오른 가치만큼의 수익으로 혜택을 되돌려받는 방식의 선순환 구조를 만들 수 있습니다.

DAO의 투표권

DAO(Decentralized Autonomous Organization)는 우리말로 '탈중앙화된 자율조직'이라는 뜻이며 '다오'라고 합니다. 다오는 특정한 목적을 위해 자율적으로 집단을 설립하고, 블록체인을 통해 집단의 운영과 신뢰성을 확보합니다. 그리고 NFT는 다오의 운영 방향을 정할 수 있는 투표권으로 활용되지요. 기업의 경영에 참여할 수 있는 주식과 유사하다고 볼 수 있습니다.

2022년 1월, 간송미술관에서 내놓은 국보를 매입하기 위한 '국보DAO'가 진행된 바 있습니다. NFT를 발행해 NFT를 구매한 사람은 향후 국보의 관리에 참여할 수 있게 됩니다. 결과적으로 이 프로젝트는 성공하지 못했지만, NFT에 관심을 두게 하는 좋은 시도였습니다.

각양각색의 제품과 서비스가 NFT와 만나고 있다

NFT가 트렌드로 자리를 잡으면서 많은 기업이 NFT 사업에 공들이고 있습니다. 전통적인 IT 회사 외에 LG 생활건강, 기아자동차, 젝시믹스 등 분야도 천차만별입니다. 아직은 NFT를 활용한 혁신적인 서비스나 경험의 제공은 아니지만, MZ 세대가 자신들의 제품이나 서비스를 더 많이 이용하도록 유도하기 위해 NFT를 활용하는 모습입니다. 다양한 분야의 기업이 뛰어드는 만큼 각자의 색깔에 맞는 다양한 시도와 파생 방법이 나올 거로 기대됩니다. 실제로 국내 게임사에서는 자사의 게임에 NFT를 도입하겠다는 전략을 경쟁적으로 발표하고 있으며 음악, 부동산, 멤버십 카드 등 디지털로 바꿀 수 있는 건 모두 NFT로 바꿀 기세입니다.

NFT가 당면한 문제들

NFT에도 분명 단점이 존재합니다. 우선 NFT는 너무 많은 전기 에너지를 소비합니다. NFT는 블록체인 기술을 이용하는데 이 기술이 '채굴'이라는 작업을 수반하기에 그렇습니다. BTS의 소속사인 하이브에서 BTS NFT를 내놓겠다고 했을 때 BTS 팬클럽인 아미가 반대하고, 일론 머스크가 비트코인을 결제 수단으로 도입한다고 했다가 철회한 이유 모두 과도한 전기 사용 때문이었습니다.

NFT의 또 다른 단점은 법과 제도의 문제입니다. 저작권 이슈는 아직 규정되지 않아 구매한 NFT를 어디까지 사용할 수 있는지 모호한 상태이며, 탈세에 대한 제도도 완비되지 않았습니다.

아직 법과 제도의 울타리 밖에 있기에 NFT 거래 과정에서 발생하는 피해에 대한 보호도 받기 힘듭니다. 따라서 NFT로 인한 피해는 오롯이 개인이 감내해야 하는 상황입니다.

또한, NFT를 투자 자산으로 보기에는 아직 변동성이 너무 큽니다. NFT의 바탕이 되는 암호화폐는 최근 위험 자산으로 인식되면서 경제적인 이슈가 생길 때마다 주식보다 큰 변동성을 보입니다. 그리고 이는 그대로 NFT 시장에 전달되지요.

대표적인 NFT 프로젝트 〈BAYC〉는 2021년 4월 30일에 발행되어 0.08이더였습니다. 그리고 2022년 5월 100이더 이상으로 상승했습니다. 불과 1년 사이에 1,200배 이상 오른 것입니다. 이더의 가격도 1년 전에는 200만 원대였는데 현재 300만 원 후반대로 올랐으니 원화로 환산하면 2,000배가 넘는 수익입니다. 하지만 급격하게 상승하는 NFT가 있다면 그 반대도 있습니다. 처음에는 부푼 기대로 NFT를 받기 위해 과열된 경쟁을 보이다가도 경쟁이 끝나면 본전도 못 찾는 일이 부지기수입니다. 2022년 5월에 발생한 루나 코인의 폭락 사태는 암호화폐, NFT와 같은 가상 자산의 급격한 변동성을 보여주는 대표적인 사례입니다. 루나의 근간인 테라 블록체인 네트워크에 대한 불신이 커지며 10만 원이 넘던 루나 코인은 일주일도 되지 않아 1원이 안 되는 휴지 조각이 되었습니다.

NFT의 장점은 직거래할 수 있다는 것입니다. 그래서 컬렉터와 창작자가 직접 관계를 맺고 커뮤니티를 형성할 수 있습니다. 중간 수수료를 절약하고 창작자의 팬을 만드는 데 유용하지만, 문제가 발생하면 창작자는 비난의 화살을 피할 수가 없습니다. 실제로 한 NFT 커뮤니티에서는 NFT의 가격이 기대만큼 오르지 않자 공개적으로 환불을 요구하고 자전 거래를 통해 가격 올리기를 요구하는 일이 있었습니다. 아직은 NFT를 돈벌이 수단으로만 생각해 단기 수익을 추구하는 사람이 많다 보니 생기는 일 같습니다. 그리고 커뮤니티 특성상 익명으로 활동하다 보니 굉장히 공격적인 태도를 보이는 사람도 있습니다. 따라서 NFT 작품을 만들어 판매하고, 커뮤니티를 구축하려는 창작자라면 이러한 점을 고려해 시작해야 할 것입니다. NFT에 대한 각종 분야에 대한 최신 소식은 '눕미' 유튜브 채널에서 보실 수 있습니다.

눕미의 월간 NFT
재생 목록(유튜브)

PART 2

NFT 아트를 위해 알아야 할 기본 지식

흔히 NFT를 '대체 불가능한 토큰'이라고 합니다. 대체 불가능하다는 건 무슨 뜻일까요? 토큰은 무엇일까요? NFT의 존재적 가치를 알고 NFT 미술에 한 발짝 다가서 봅시다. 블록체인 기술로 인해 우리는 탈중앙화를 꿈꾸고, 디지털 미술품을 소장할 수 있는 단계에 이르렀습니다. 디지털 미술에 대한 이해와 NFT를 기술적으로 보호하는 방법에 대해 설명합니다.

NFT가 대체 불가능한 토큰이라고?

NFT(Non-Fungible Token)의 사전적 정의는 '대체 불가능한 토큰'입니다. 대체 불가능한 토큰이란 과연 무엇일까요? 지폐를 예로 들어 설명하겠습니다.

만 원권 지폐 한 장씩을 소유한 다섯 명이 있습니다. 각각의 만 원권은 일련번호나 청결함 등이 물리적으로 똑같지는 않지만, 가치는 같으므로 교환이 가능합니다. 하지만 A라는 사람의 지폐에 유명인의 사인이 들어 있다면, A는 다른 만 원권 지폐와 바꾸려 할까요? 적어도 만 원권 두 장은 되어야 바꾸지 않을까요? 이처럼 사인이 들어가 있어 다른 지폐와 일대일 교환이 되지 않는 지폐가 바로 대체 불가능한 토큰, NFT입니다.

대체 가능

대체 불가능

이번에는 NFT에 대한 구체적 이해를 위해 '대체 불가능'과 '토큰'을 분리해서 이야기하겠습니다.

먼저 '토큰'의 IT적인 정의는 특정 블록체인에서 동작하는 암호화폐입니다. 자세히 알기 위해서는 코인과 토큰이 어떻게 다른지부터 알아야 합니다. 이 책에서는 어려운 IT적인 정의보다는 위의 지폐를 예로 들어 쉽게 설명하겠습니다. 만 원짜리 지폐는 한국은행을 중앙은행으로 하는 대한민국에서만 사용되는 지폐입니다. 다시 말해, 한국은행이라는 네트워크에서만 사용되는 지폐입니다. 이것을 블록체인에 대입해 보면 한국은행은 이더리움, 솔라나, 클레이튼과 같은 네트워크라고 볼 수 있고, 그 안에서 유통되는 각 지폐는 토큰이 됩니다. 각 지폐에는 일련번호와 지폐를 발행한 은행, 권종이 있습니다. 이러한 요소들을 NFT에 대입하면 한국은행은 블록체인, 일련번호는 토큰ID, 권종은 토큰 스탠더드로 볼 수 있습니다. 아래의 그림은 이해를 돕기 위해 NFT에 나와 있는 정보를 지폐에 비유해서 나타낸 것입니다.

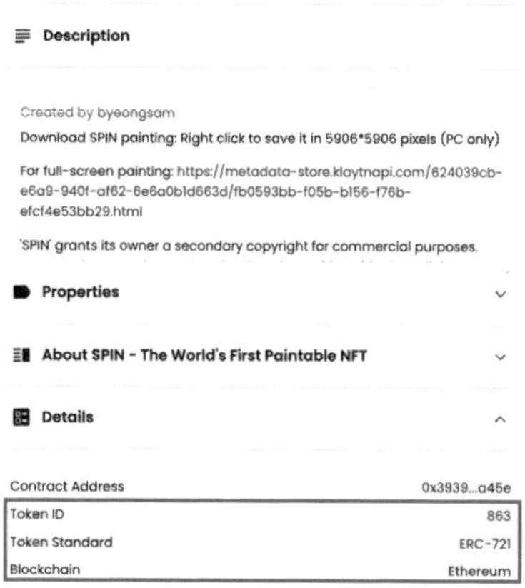

(출처: 전병삼-SPIN #863)

NFT 상세 내용

NFT	종이 지폐 비유
Token ID	일련번호
Token Standard	권종(천 원권, 오천 원권, 만 원권 등)
Blockchain	달러화, 유로화, 원화

'대체 불가능하다'라는 것은 앞선 예시에서 유명인의 사인을 말합니다. 각각의 지폐(토큰)는 서로 대체가 가능하지만, 유명인의 사인이 붙은 지폐는 대체 불가능합니다. 이것을 토큰에 적용하면 토큰에 특정한 데이터를 추가하여 대체 불가능한 토큰으로 된 것이 NFT입니다.

지금까지 NFT에 대한 기본적 정의였습니다. 하지만 중요한 것은 NFT가 갖는 의미입니다. NFT가 중요한 이유는 NFT가 디지털 파일의 소유권이라는 개념을 부여했다는 것입니다. 이것을 이해하기 위해 몇 가지 배경을 살펴보겠습니다.

NFT는 블록체인 기술로 작동한다

블록체인은 일종의 네트워크 기술입니다. 그리고 블록체인 네트워크와 기존 네트워크의 작동 방식에는 큰 차이가 있습니다. 기존의 네트워크 방식에서는 중앙 서버를 중심으로 네트워크가 구축되지만, 블록체인 네트워크 방식은 중앙 서버 없이 참여자들이 보유한 블록과 블록이 연결된 체인으로 작동됩니다. 이해를 돕기 위해 예를 들어보겠습니다.

해외여행을 갈 때 필요한 게 여권입니다. 여권은 해외에서 우리의 신분을 증명하는 수단입니다. 즉, 우리의 신분은 대한민국 정부가 발행한 여권이라는 문서를 통해 증명됩니다.

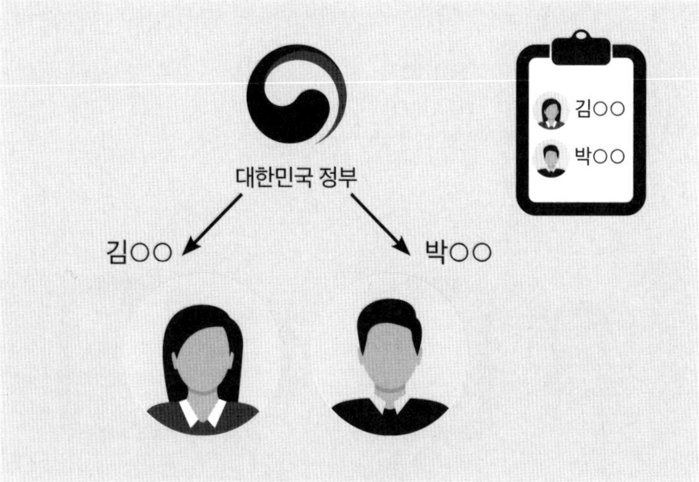

기존 네트워크 방식

그런데 이 신분증에 블록체인 기술을 적용하면 어떻게 될까요? 블록체인 방식은 대한민국 정부와 같이 여권을 발행하는 기관이 없는 대신, 모두가 전체 인원의 신분이 적힌 장부를 갖고 있습니다. 따라서 각자가 가진 장부를 보면 서로가 누구인지 알 수 있습니다. 그리고 이 장부는 서로 연결되어 있는 특징이 있습니다. 그래서 누군가가 하나의 장부 정보를 변경하려 해도 장부들이 서로 연결되어 검증해 주기 때문에 정보가 변경되지 않습니다. 만약 임의로 정보를 바꾸려고 한다면 하나의 장부가 아닌 최소 50%가 넘는 장부를 동시에 해킹해야 하므로 블록체인을 보안성이 높다고 하는 것입니다. 즉, '신뢰도가 높다'라고 할 수 있습니다. 이전의 여권처럼 중앙기관인 정부가 증명해 주는 것이 아니라 서로서로 증명해 주는 것이 블록체인 기술인 것이죠. 그래서 '탈중앙화(Decentralized)'라는 용어를 쓰는 것입니다.

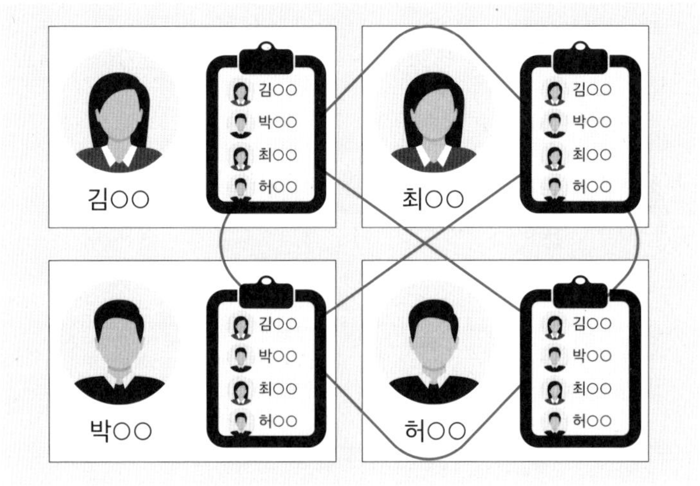

블록체인 네트워크 방식

다시 한 번 이야기하자면, 기존에는 정부라는 중앙기관이 개인의 신분을 증명해 주었다면, 블록체인에서는 개인의 신분을 서로서로 증명해 주게 됩니다. 마치 작은 동네에서 앞집 사람, 옆집 사람, 뒷집 사람 서로 알고 지내는 것처럼 말입니다. 그래서 중앙기관의 증명방식을 '중앙집권화(Centralized)되었다'라고 하고, 블록체인 방식을 '탈중앙화되었다'라고 합니다. 블록체인과 관련된 DApp(분산 응용), Defi(탈중앙화된 금융 시스템) 등의 많은 서비스 앞에 D가 붙는 이유입니다.

탈중앙화된 네트워크와 분산원장으로 구성된 블록체인은 몇 가지 특징이 있습니다. 첫째는 '높은 신뢰도'입니다. 네트워크 참여자가 모두와 연결된 똑같은 장부를 가지고 있어 해킹의 위험도가 낮기 때문입니다. 해킹의 위험도는 블록체인 네트워크의 참여자가 많을수록 낮아지며, 뉴스에 나오는 블록체인과 관련한 사건 내용은 대부분 블록체인 네트워크가 아니라 특정 마켓플레이스나 개인 지갑의 이야기입니다.

둘째는 정부와 같은 중앙기관이 없으므로 '네트워크 참여자끼리 직접 거래'를 할 수 있습니다. 은행과 같은 기관의 전산망을 거치지 않고 내 지갑에서 타인의 지갑으로 암호화폐가 전송되므로 수수료도 비교적 저렴합니다.

셋째는 '데이터의 투명성'입니다. 블록체인의 데이터는 시간순으로 기록되며, 모든 사람이 볼 수 있게 공개되어 있습니다. 모든 사람이 통장의 거래 기록을 열람할 수 있는 것과 같습니다. 이는 데이터의 독점을 막고 네트워크의 신뢰도를 높이는 요소가 됩니다.

NFT를 산다는 것의 의미

우리가 평소에 물건을 구매하는 프로세스를 한 번 보겠습니다. 여러분이 지금 보시는 책을 구매한다고 가정하겠습니다. 아마 서점에서 책을 집어 들고 계산대로 가져갈 것입니다. 그리고 카드든 각종 페이든 편한 방법으로 결제하고 책을 들고 서점에서 나옵니다. 이제 구매한 책은 여러분의 소유가 되었습니다. 책을 읽든 냄비받침으로 쓰든 여러분의 마음입니다. 이것이 일반적인 물건 구매 프로세스입니다.

그러나 NFT 구매를 이런 방식으로 생각하면 혼란이 올 수 있습니다. 디지털 파일은 책처럼 들고 다니는 물건이 아니기 때문입니다. 따라서 NFT를 산다는 것은 물건 구매와 달리 디지털 파일을 소유할 수 있는 권리(소유권)를 사는 것으로 이해해야 합니다. 구매한 디지털 파일을 확인하기 위해서는 디지털 디바이스를 통해야 합니다. 일상에서 소유권을 구매하는 대표적인 사례는 부동산입니다. 집을 샀다고 하여 우리는 집을 책처럼 들고 다닐 수 없습니다. 특정한 위치로 가야 비로소 집을 이용할 수 있습니다. 디지털 디바이스로 디지털 파일을 확인하는 것과 유사합니다. 집을 사는 것은 그 집을 소유하고 재산권을 행사할 수 있는 권리를 구매하는 것이죠. 이러한 과정에서 우리는 등기권리증에 이름을 올려 그 소유권을 증명합니다.

NFT 구매 과정도 이와 비슷합니다. NFT를 구매한다는 것은 디지털 파일을 사서 다운로드하는 것을 뜻하는 게 아닙니다. NFT에도 부동산의 소유권을 증명하는 등기권리증처럼 계약서가 있습니다. 여기에 제 이름을 올려 소유권을 증명하는 것이 NFT 구매입니다. 여기서 등기권리증과 같은 계약서를 '스마트 컨트렉트(Smart Contract)'라고 부릅니다.

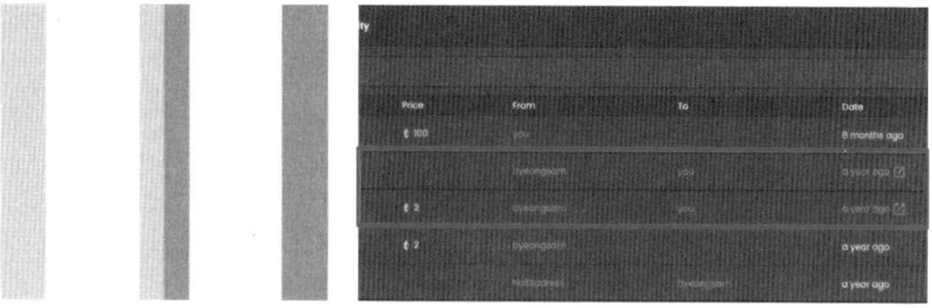

필자가 구매한 전병삼 작가의 NFT와 NFT 계약서

그렇다면 스마트 컨트렉트에 자신의 이름을 올린다면 디지털 파일은 어디에 있을까요? 그것은 다음의 NFT 구조를 보면 알 수 있습니다.

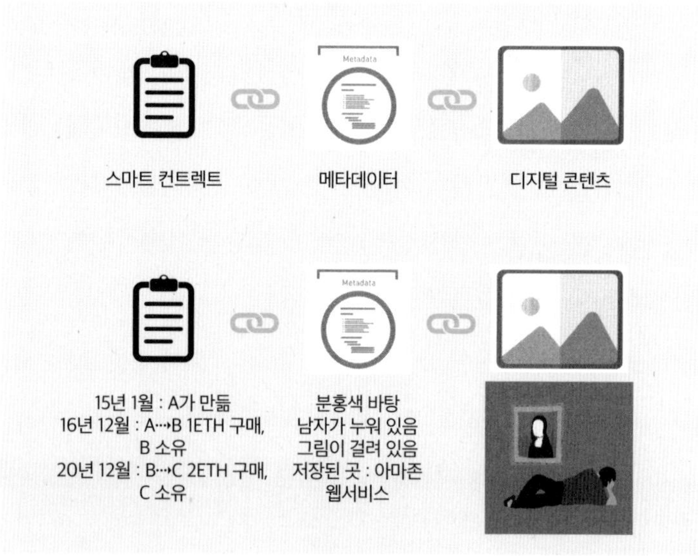

NFT는 위의 그림처럼 '스마트 컨트렉트, 메타데이터, 디지털 콘텐츠' 세 가지 요소로 구성되어 있습니다.

스마트 컨트렉트를 통해 우리는 '누가 만들고, 누구에게로 소유권이 이전되었는지'를 알 수 있고, 메타데이터를 통해 디지털 콘텐츠에 대한 상세 설명을 알 수 있습니다. 제 유튜브 로고를 예로 들면, 메타데이터에 '분홍색 바탕, 남자가 누워 있음, 그림이 걸려 있음'과 같은 정보로 표시됩니다. 그리고 어디에 저장되어 있는지 경로가 나옵니다. 마지막으로 디지털 콘텐츠는 작가가 만든 디지털 파일을 말합니다. 이 세 가지는 서로 연결되어 있습니다.

저작권과 소유권은 다르다

NFT를 구매했을 때 가장 먼저 떠오른 생각은 '내가 구매한 NFT 작품으로 무엇을 할 수 있을까?'였습니다. 구체적으로 '이 작품으로 전시를 할 수 있을까? 2차 가공을 해서 새로운 콘셉트의 작품을 만들 수 있을까?' 이런 생각들이었습니다. 하지만 나중에 알고 보니 제가 앞서 생각한 것들은 저작권을 가질 때만 할 수 있는 일이었습니다. 소유권과 저작권에 대한 개념이 없어서 이런 생각을 했던 것입니다.

많은 분이 처음 NFT 구매 후 저와 같은 생각을 할 것입니다. 그러나 구매한 NFT를 활용해 2차 활동을 하기 위해서는 저작권자에게 허락을 받아야 합니다. 저작권은 내가 해당 NFT를 구매한다고 해서 자동으로 받는 게 아닙니다. 쉬운 예를 들어, 인터넷에서 돈을 내고 영화를 내려받았다고 해서 그 영화를 복제해 다른 사람에게 판매하거나 굿즈를 제작할 수는 없습니다. 영화 제작사와 같은 저작권자에게 2차 활용에 대한 권리를 받은 게 아니기 때문입니다. 우리는 단순하게 돈을 내고 컴퓨터에 영화를 저장하고 소유할 수 있는 권리를 얻었을 뿐입니다. NFT뿐 아니라 저작권이 있는 유무형의 모든 작품이 그러합니다. 소유했다고 해서 마음대로 사용할 수 있는 게 아닙니다.

NFT를 구매했다고 해서 구매한 NFT를 이용해 티셔츠를 만들어 판매할 수는 없다.

그러나 최근에는 NFT를 판매할 때부터 해당 NFT를 소유자가 활용할 수 있는 저작권까지 제공하는 사례가 늘고 있습니다. 대표적인 사례가 BAYC입니다. BAYC는 NFT 소유자에게 저작권을 제공함으로써 사람들의 참여를 유도하고 자신들의 세계관을 확장할 수 있었습니다. 이를 바탕으로 2022년 5월 현재 세계에서 가장 유명하고 높은 가치로 인정받는 NFT가 되었습니다. 앞으로 많은 NFT가 BAYC의 사례를 참고하여, 소유자들에게 저작권을 공유하는 방식으로 진행할 것으로 예상됩니다. BAYC에 대한 자세한 내용은 유튜브 영상에서 확인할 수 있습니다.

BAYC가 NFT 원탑이 된 이유

NFT 이해를 위한 3가지 배경 지식

NFT 아트에 다가서기

제너러티브 아트

요즘은 다양한 NFT 프로젝트가 나오고 있고, 한 프로젝트당 1만 개씩의 NFT를 발행하는 게 일반적입니다. 그리고 이 NFT들은 제너러티브 아트(Generative Art) 방식으로 제작됩니다. 제너러티브 아트란, 예술가가 시스템을 사용하여 어떤 예술 행위를 하는 것으로 컴퓨터 프로그램, 기계 등을 이용해 자동으로 결과를 만들어내는 것을 의미합니다. 원래 예술계에 있는 한 장르이기도 합니다. 제너러티브 아트는 사전에 입력한 프로그래밍에 따라 진행되며, 주어진 조건에 따라 결과가 나타납니다. 따라서 어떤 작품이 나올지 예술가가 예상할 수 없고, 미리 입력된 조건과 시스템에 따라 결정됩니다.

세계에서 가장 유명한 NFT 프로젝트로 손꼽히는 〈지루한 원숭이 요트 클럽(Bored Ape Yacht Club, 이하 'BAYC')〉을 예로 들어보겠습니다. BAYC는 총 1만 개의 NFT로 구성된 원숭이 캐릭터

<지루한 원숭이 요트 클럽(BAYC)>

이미지입니다. 이 원숭이 캐릭터들은 표정, 털 색상, 입 모양 등의 생김새가 모두 다르며 각자 모자, 안경, 옷 등의 액세서리를 착용하고 있습니다. 이는 예술가가 각 원숭이의 생김새와 착용한 액세서리를 하나하나 이미지로 제작하고, 제작한 각각의 요소를 알고리즘으로 조합해 생성한 1만 개의 원숭이 이미지입니다. 1만 개의 이미지는 모두 우연으로 생성된 이미지입니다. 왼쪽의 이미지는 BAYC NFT 중 12개입니다. 이런 식으로 생성된 원숭이 이미지는 9,988개가 더 있습니다.

에디션

제한된 수량만큼 생산해 판매하는 제품을 '리미티드 에디션(Limited Edition)'이라고 합니다. 나이키 같은 패션 회사가 소비자의 브랜드 충성심을 높이고 이슈를 만들기 위해 리미티드 에디션 제품을 내놓고는 하죠. NFT도 이런 방식으로 똑같은 작품을 여러 개의 에디션으로 만들 수 있습니다. 두 가지 방법이 있는데, 편의상 '묶음 방식'과 '일련번호 방식'이라고 하겠습니다.

제 유튜브 로고 이미지로 3개의 에디션 NFT를 민팅(Minting, NFT를 제작하는 것)한다고 가정하겠습니다. '묶음 방식'은 모든 에디션이 하나의 스마트 컨트렉트로 되어 있습니다. 따라서 모든 에디션의 거래 정보가 하나의 스마트 컨트렉트에 보입니다. 3개의 에디션은 토큰 스탠더드와 토큰ID가 완전히 동일한 NFT입니다.

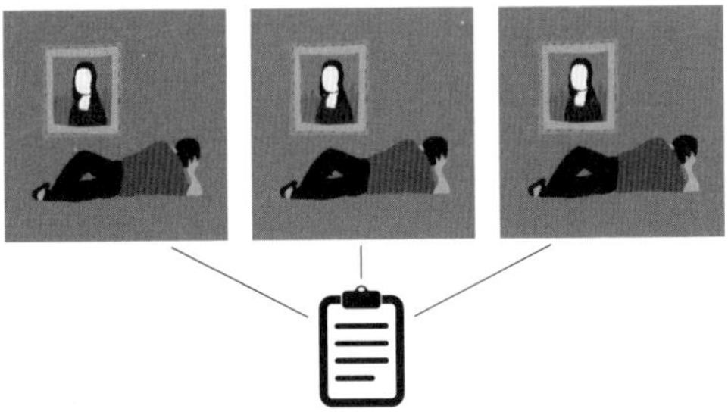

묶음 방식 에디션

반면 '일련번호 방식'은 에디션마다 고유의 스마트 컨트렉트가 존재합니다. 그래서 거래 기록 역시 각각의 스마트 컨트렉트에 남겨집니다. 보이는 이미지는 동일하지만, 스마트 컨트렉트의 내용은 다릅니다. 민팅할 때도 '묶음 방식'은 한 번만 민팅하면 되지만 '일련번호 방식'은 에디션 개수만큼 민팅해야 합니다. 민팅의 순서에 따라 첫 번째, 두 번째, 세 번째로 순번이 있으며 때에 따라 첫 번째 에디션이 세 번째 에디션보다 비싼 가격에 거래되기도 합니다.

둘 중 어떤 방식이 더 좋다고는 할 수 없습니다. NFT의 성격과 상황에 따라 알맞은 방법을 선택하면 됩니다.

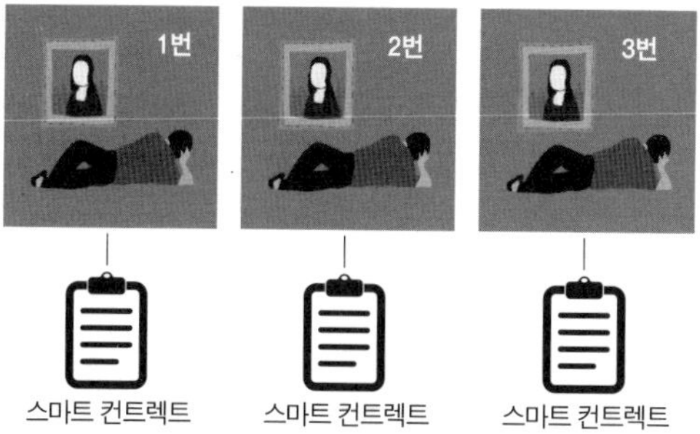

일련번호 방식 에디션

데이터 프리징

데이터 프리징(Data freezing) 개념을 몰라도 NFT를 민팅하고 구매할 수 있지만, NFT를 제대로 즐기고 싶다면 아는 게 좋습니다. 데이터 프리징은 NFT가 어디에 저장되는지와 관련이 있습니다. 앞서 NFT는 블록체인을 활용한 것이라고 이야기했습니다. 하지만 NFT의 구성 요소인 스마트 컨트렉트, 메타데이터, 디지털 콘텐츠가 모두 블록체인 네트워크에 업로드되는 것은 아닙니다. 대부분의 NFT는 스마트 컨트렉트만 블록체인에 업로드(온체인)되고, 메타데이터와 디지털 콘텐츠는 AWS, 구글 드라이브와 같은 클라우드 서비스나 오픈씨(Opensea.io)와 같은 마켓 플레이스의 서버에 저장됩니다. 이런 이유는 블록체인 네트워크의 가스비(Gas fee, 사용료)가 굉장히 비싸기 때문입니다. 이더리움 네트워크에 NFT를 민팅할 때 발생하는 가스비만 해도 기본이 몇 만 원이고 비싸면 몇십만 원입니다. 데이터가 클수록 가스비가 비싸므로 메타데이터와 디지털 콘텐츠까지 이더리움 네트워크에 업로드한다고 하면 어마어마한 비용이 발생할 것입니다. 이러한 현실적인 이유로 대부분의 NFT는 거래 내역이 나와 있는 스마트 컨트렉트만 블록체인에 업로드하고 다른 요소들은 중앙 서버에 저장하는 방식을 사용합니다. 그런데 데이터를 중앙 서버에 저장하면 위험이 따릅니다. 어떠한 이유로 클라우드 제공 회사가 운영을 중단하거나 해킹을 당하면 데이터가 손상되기 때문입니다. 이를 보완하기 위한 방식이 분산형 파일 시스템이라고 불리는 'IPFS(Inter Planetary File System) 방식'입니다. 스마트 컨트렉트 외의 데이터를 여러 서버에 분산해서 저장하는 것입니다. 이 방식을 사용하면 데이터 손상의 위험을 상당 부분 낮출 수 있습니다. 물론, 이러한 장점에도 불구하고 많은 NFT가 IPFS 방식을 사용하지 않는 것은 별도 비용이 발생하기 때문입니다.

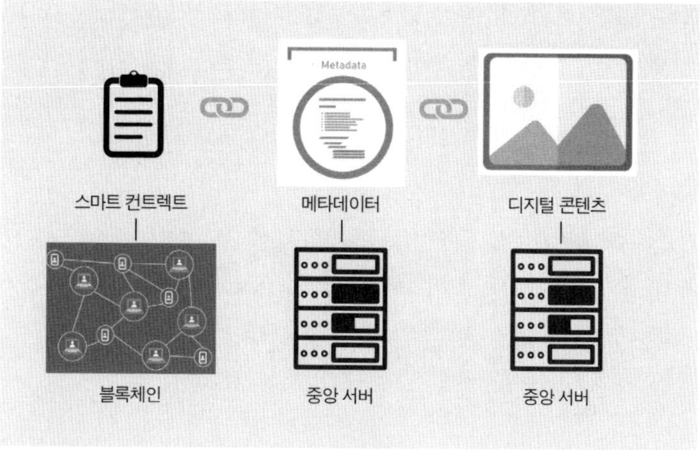

NFT의 구성 요소

NFT의 에디션과 데이터 프리징에 대한 내용은 아래 QR코드의 유튜브 영상을 통해 다시 보실 수 있습니다.

NFT 에디션과 데이터 프리징(유튜브)

PART 3

NFT 사용설명서: 구매와 제작하기

NFT 작품을 구매한다는 것은 실물의 물건이나 부동산을 구매하는 것과 다릅니다. 디지털 작품이기 때문입니다. 그렇다면 우리는 온라인에 존재하는 디지털 작품을 어떻게 제작하고 판매하고 구매할까요? 지갑을 만들어 암호화폐를 구입하고, 창작품을 사이트에 올리고 진열해 판매하는 방법까지 다루므로 차근차근 따라 해 보세요. 당신은 위대한 디지털 창작자가 될 수도, 성공한 컬렉터가 될 수도 있을 것입니다.

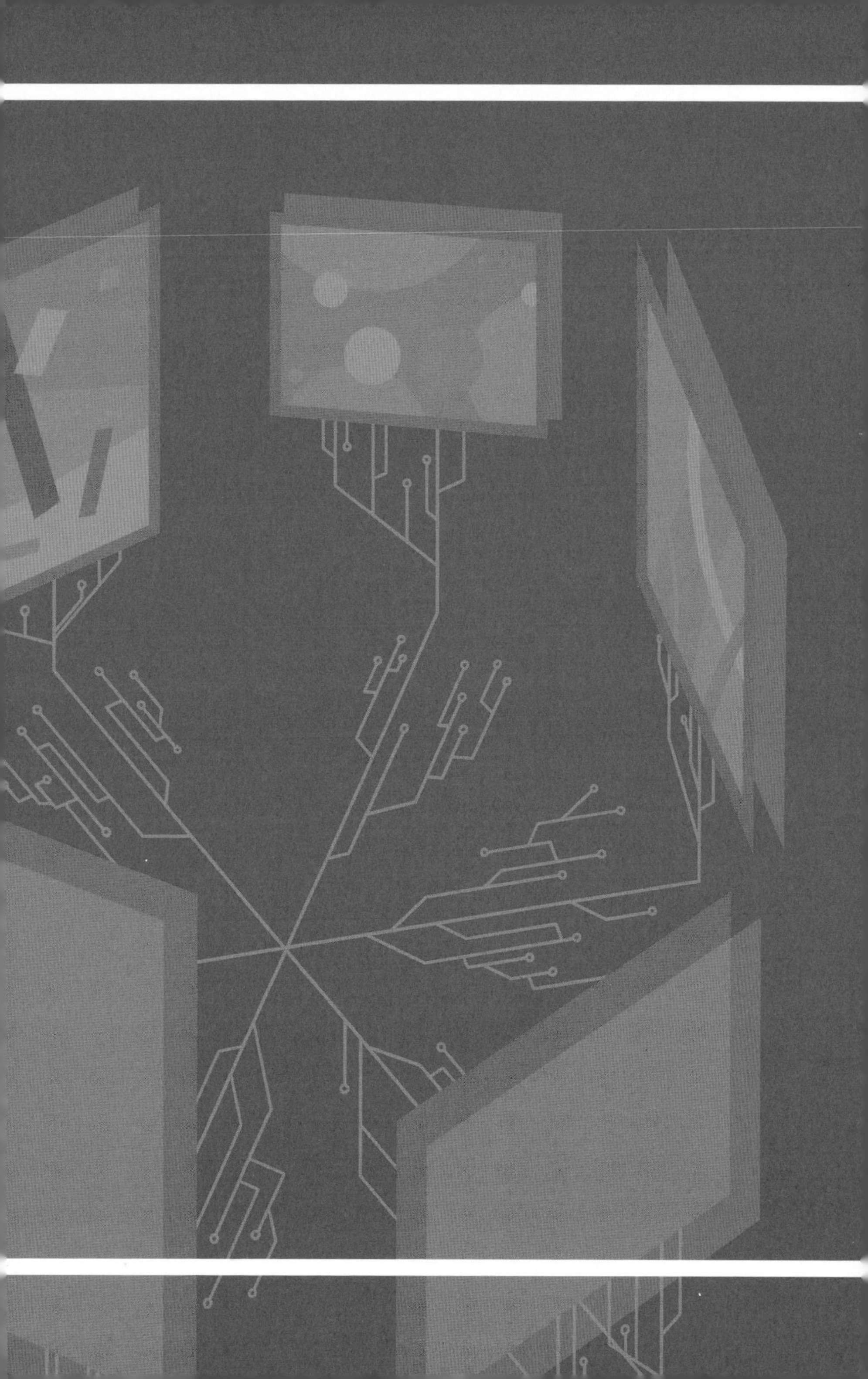

블록체인 세계에서의 물건 구매

이제 NFT 아트를 시작하기 위한 기본적인 개념 설명은 끝났습니다. 이번 파트에서는 NFT 마켓 플레이스 중 거래액이 세계 1위인 '오픈씨'를 예시로 NFT를 구매하는 과정을 설명하겠습니다. NFT를 민팅하는 과정 또한 오픈씨와 다르지 않기 때문에 오픈씨 사용 방법을 알면 쉽게 할 수 있습니다.

NFT 구매에 대해 많은 분이 낯설게 느끼실 것입니다. 그러나 이미 많은 사람이 NFT 구매와 비슷한 시스템을 해 보았습니다. 바로 해외여행에서 물건을 구매하는 것이 NFT 구매 시스템과 비슷하기 때문입니다.

우리는 해외여행을 갈 때 쓸 돈을 해당 국가의 화폐로 환전합니다. 미국에 간다면 우리는 A 은행, B 은행에서 일정량의 원화를 '달러'로 환전할 것입니다. 그렇게 환전한 달러를 '지갑'에 넣고 미국에 가서 '각종 상점'에서 달러를 사용하지요. NFT 구매도 이와 똑같습니다. 다만 공간이 미국이 아니라 온라인인 셈이죠. NFT 구매 과정에서 달러는 '암호화폐', 지갑은 '암호화폐 지갑', 각종 상점은 'NFT 마켓 플레이스'로 보면 됩니다. 그럼 NFT를 사러 온라인 세상으로 가보겠습니다.

우선 온라인 세상이 어떤 블록체인 세상인지 확인하고 그에 맞는 암호화폐를 구매해야 합니다. 이더리움을 사용하는 세상이라면 이더를 구매하고, 클레이튼을 사용하는 세상이라면 클레이를 구매합니다. 모두 업비트, 빗썸, 코인원, 코빗, 고팍스 등 국내 암호화폐 거래소에서 구매할 수 있습니다. 이렇게 암호화폐를 구매했다면 다음은 블록체인 세상에서 쇼핑할 수 있는 지갑에 암호화폐를 넣어야 합니다. 지갑은 암호화폐를 보관하는 온라인 지갑으로 각종 NFT 마켓 플레이스나 서비스를 이용하는데 등록하는 ID처럼도 활용됩니다. 이 지갑을 NFT 마켓 플레이스에 등록해야 비로소 NFT를 구매할 수 있습니다. 그러면 단계별로 하나하나 설명하겠습니다.

해외 여행지에서의 쇼핑과 NFT 구매 과정 비교

NFT 구매하기

1단계: 암호화폐 지갑 만들기

블록체인 세상을 여행하기에 앞서 필수 준비물인 지갑을 만들어보겠습니다. 우선 웹브라우저인 크롬을 엽니다. 설치가 안 되어 있다면 웹사이트에 '크롬'을 검색해 다운로드 받아 설치합니다. 크롬이 메타마스크와 호환이 잘되므로 크롬을 추천합니다. 그런 다음 크롬을 실행하고, 구글에서 '메타마스크'를 검색해 가장 상단에 있는 '메타마스크 크롬 익스텐션'을 설치합니다.

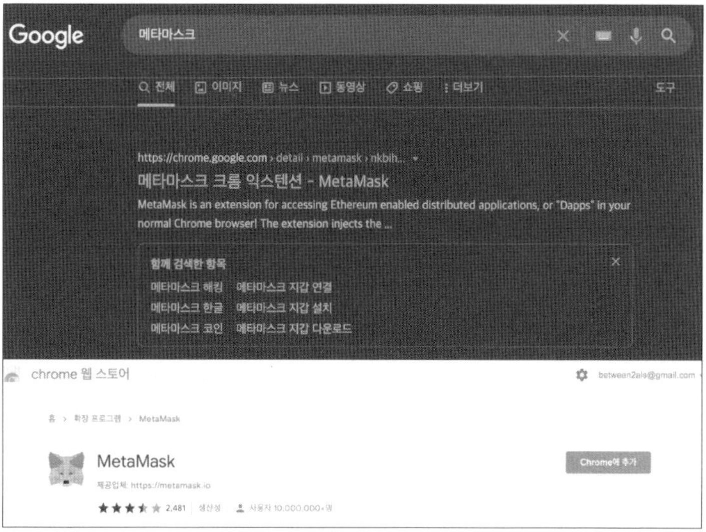

크롬에 추가 버튼을 클릭하면 새 탭이 열리면서 아래와 같이 환영한다는 메시지가 나오고, '시작하기'를 클릭하면 로그인과 같은 화면이 나옵니다. 우리는 새로운 지갑을 만들어야 하므로 오른쪽의 '지갑 생성'을 클릭합니다. 보통의 웹사이트라면 ID를 만든 다음에 비밀번호를 입력하지만, 여기서는 암호부터 생성해야 합니다.

이번 순서가 가장 중요합니다. 바로 '복구 문구' 부분입니다. 많은 분이 사기나 해킹당하는 부분이기도 합니다. 복구 문구는 일종의 마스터키입니다. 비밀번호를 잊어버려도 복구 문구만 있으면 다시 찾을 수 있습니다. 내 지갑에 있는 몇백만 원, 몇천만 원의 암호화폐를 다른 사람에게 빼앗겼다고 생각해 보세요. 생각만 해도 아찔할 것입니다. 그러므로 복구 문구는 아무에게도 알려주면 안 됩니다. 암호화폐와 관련한 어떤 웹사이트에서도 복구 문구를 알려달라고 하지 않으며, 심지어 메타마스크에서도 복구 문구를 물어보는 일이 없으므로 누군가가 물어보면 무조건 사기를 의심해야 합니다. 복구 문구는 12개의 영어 단어로 구성되어 있습니다. 개인 메모장이나 중요 문서를 보관하는 장치에 복구 문구를 잘 보관한 후 '다음'을 클릭합니다.

이전 페이지에서 나왔던 복구 문구를 순서에 맞게 선택합니다. 선택을 완료한 후 '확인'을 클릭하면 축하 메시지와 함께 메타마스크 지갑 만들기가 완료됩니다.

'모두 완료'를 클릭하면 아래와 같이 지갑 화면을 볼 수 있습니다. 현재 0이더가 있는 상태입니다.

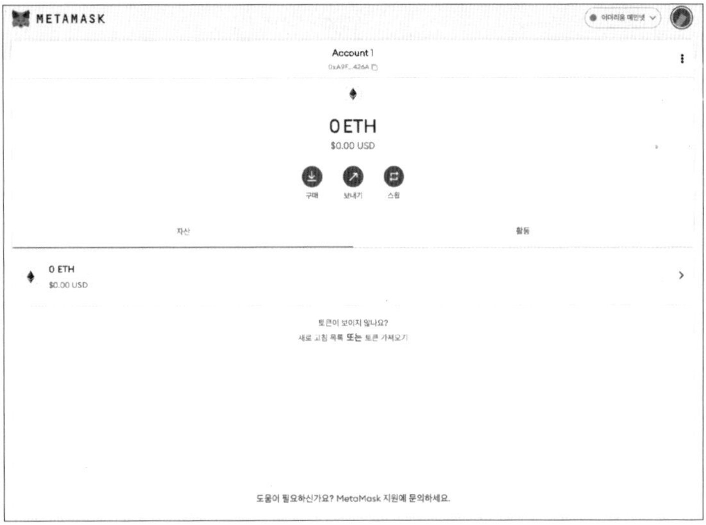

2단계: 암호화폐 거래소 가입하기

다양한 암호화폐 거래소에서 암호화폐를 구매할 수 있지만, 이 책에서는 국내 최대 암호화폐 거래소인 업비트를 예로 설명하겠습니다. 업비트는 만 19세 이상인 사람만 가입할 수 있으며, 몇 가지 준비물이 필요합니다.

- 간편 가입을 위한 카카오톡 아이디
- 원화를 입출금할 케이뱅크 계좌와 애플리케이션
- 정부가 발급한 사진이 부착된 신분증

- 업비트 애플리케이션 또는 웹브라우저

업비트 홈페이지나 애플리케이션에 접속하여 회원가입을 진행합니다. 회원가입 후 이메일 인증, 휴대폰 인증, 케이뱅크 계좌 인증, 카카오페이 간편인증까지 완료하면 업비트를 사용할 수 있습니다.

업비트 홈페이지

3단계: 암호화폐 구입하기

업비트에서 이더리움을 구매해 보겠습니다. 모바일 애플리케이션과 홈페이지에서 가능하며, 이 책에서는 홈페이지 기준으로 말씀드리겠습니다. 모바일 애플리케이션도 홈페이지와 크게 다르지 않습니다.

홈페이지 오른쪽 상단의 '로그인'을 클릭해 가입한 카카오 계정을 입력하고 카카오톡 인증까지 마친 후 로그인합니다.

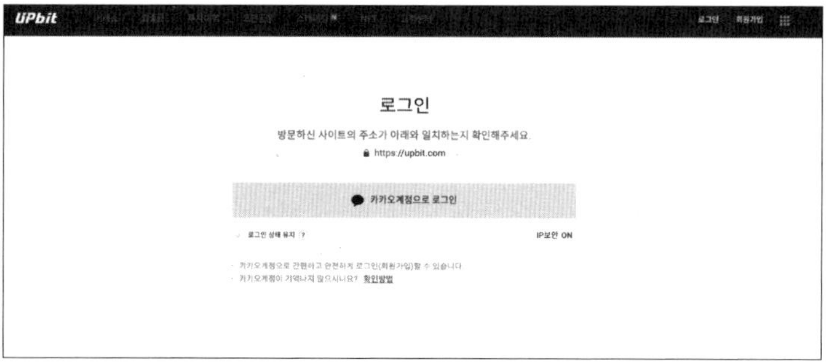

로그인하면 다음과 같이 주식 차트 같은 화면이 뜹니다. 아래 매수하는 곳에 매수할 가격과 보유 금액의 몇 %를 구매할지 입력한 후 '주문 총액'을 확인합니다. 금액이 맞다면 '매수'를 클릭하여 이더리움을 구매합니다. 지정가에 팔려는 사람이 없으면 체결되지 않으므로 바로 매수하고 싶다면 시장가로 주문해 바로 체결합니다.

이제 이더리움을 송금할 차례입니다. 상단 메뉴 중 '입출금'을 클릭하면 원화부터 여러분이 보유한 모든 암호화폐를 볼 수 있습니다. 우리가 송금할 것은 이더리움이므로, 이더리움을 선택해 오른쪽 '출금신청'을 클릭합니다. 그리고 출금주소에 여러분의 메타마스크 주소를 입력하고, 원하는 수량을 적은 후 출금을

신청합니다. 그러면 여러분의 메타마스크 지갑에 이더리움이 송금될 것입니다. 은행 계좌이체처럼 즉시 송금이 완료되지 않고 몇 분 걸리니 안심해도 됩니다. 단, 최근 24시간 이내에 원화가 입금된 경우에는 금융사고 방지를 위해 아예 출금신청이 되지 않습니다.

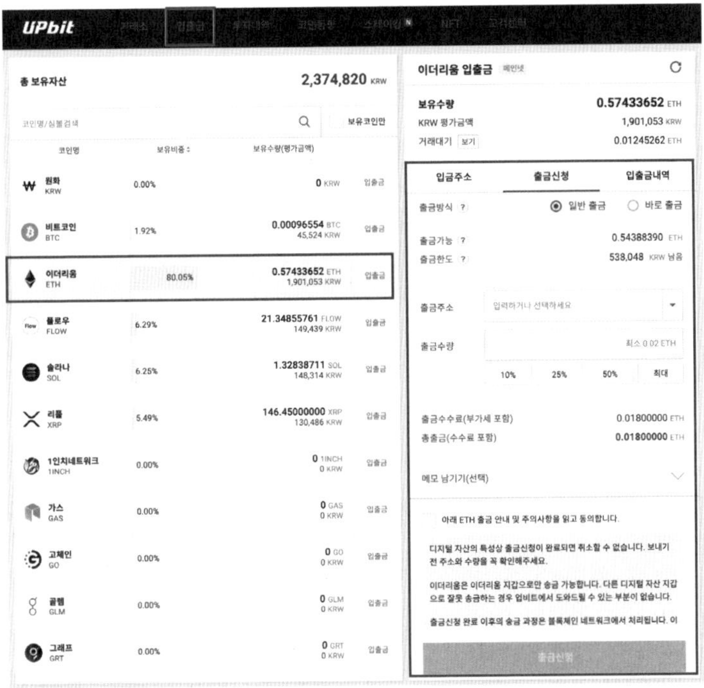

한 가지 알아두어야 할 것은 2022년 3월 25일 국내 '특정 금융

거래정보의 보고 및 이용 등에 관한 법률'로 인해 국내 거래소에서 개인 지갑으로의 출금이 제한되고 있다는 점입니다. 규제 내용은 수시로 변경되므로 거래소의 공지사항을 확인하길 바랍니다. 거래소에 개인 지갑을 등록하는 방법은 아래 업비트 공지사항으로 연결된 QR코드를 참고하세요.

업비트 개인 지갑 등록 방법

4단계: 오픈씨 가입하기(지갑과 오픈씨 연동)

일반적인 웹사이트의 서비스를 이용하려면 아이디와 비밀번호를 만들고 회원가입을 하지만, 블록체인 세상에서는 조금 다릅니다. 블록체인 세상에서는 회원가입을 할 때 메타마스크와 같은 지갑을 연동시켜서 진행합니다. A라는 사이트에 B 지갑을 연동하면 B 지갑을 다시 못 쓰는 것이 아니고, C와 D 등 다른 웹사이트에 연동해서 쓸 수 있습니다. 앞서 미국 여행을 예로 들었는데, 달러를 넣은 지갑을 들고 식당도 가고, 아울렛도 간다고 생각하시면 됩니다.

그럼 이제 본격적으로 시작해 보겠습니다. 앞에서 만든 메타마스크 지갑이 설치된 크롬 브라우저를 실행하고, 오픈씨에 접속합니다. 첫 화면 오른쪽 상단에 사람 아이콘을 클릭하면 지갑과 연결하라는 메시지가 나옵니다. 우리가 만든 메타마스크를 선택하면 자동으로 메타마스크가 실행됩니다. 만약에 자동 실행이 되지 않으면 오른쪽 위 크롬 확장 프로그램에 들어가 직접 실행하면 됩니다. 화면에 나타나는 절차를 진행하면 지갑과 오픈씨 연동이 완료됩니다.

첫 화면

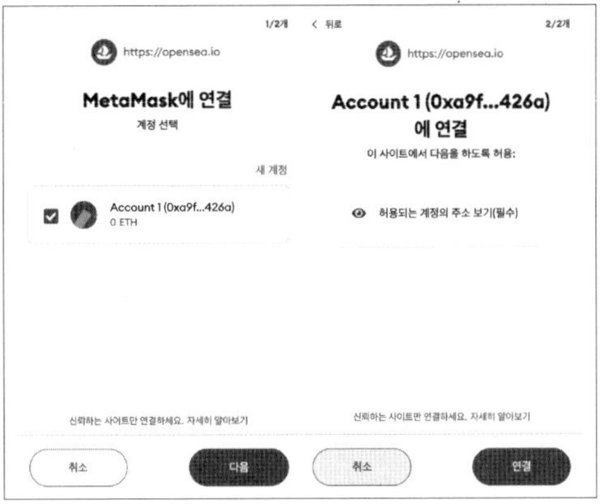

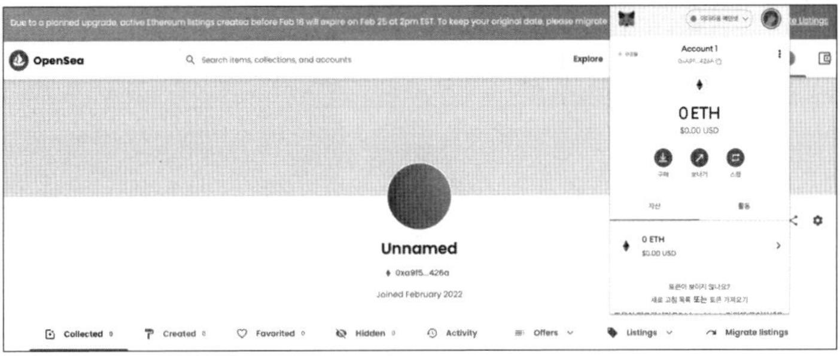

5단계: NFT 구매하기

어떤 NFT를 고르느냐는 다음 파트에서 다루고 여기서는 구매하는 프로세스만 살펴보겠습니다. NFT를 구매하는 방법은 크게 세 가지가 있습니다.

첫 번째는 '경매 방식'입니다. 오픈씨에서 지원하는 경매 방식은 두 가지입니다. 낮은 가격에서 시작해 가장 높은 가격을 입찰한 사람이 낙찰받는 방식과 높은 가격에서 시작해 시간이 지날수록 가격이 점점 낮아지는 방식입니다. 낮은 가격 → 높은 가격 경매는 참여자들의 경쟁심을 자극하여 진행하는 방법이고, 높은 가격 → 낮은 가격 경매는 '내가 원하는 가격 이전에 다른 사람이 낙찰받으면 어떻게 하지?'라는 불안감을 자극하는 방법입니다. 경매에 대한 설명은 'NFT 판매하기(102쪽)'에서 자세히 다루도록 하겠습니다.

두 번째는 '가격을 제안하는 방식'입니다. 현재 판매 중이지 않는 NFT에 내가 먼저 가격을 제안해서 구매하는 방법으로 'Make offer'를 클릭해서 가격을 제안할 수 있습니다.

마지막 세 번째는 'Buy Now'를 클릭하여 등록된 가격에 바로 결제하여 소유하는 방법입니다. 모든 NFT에 'Buy Now' 버튼이 있는 것은 아니고, 소유자가 가격을 설정해서 판매 리스팅해야 버튼이 생성됩니다. 이 장에서는 마지막 방법을 상세히 다루도록 하겠습니다.

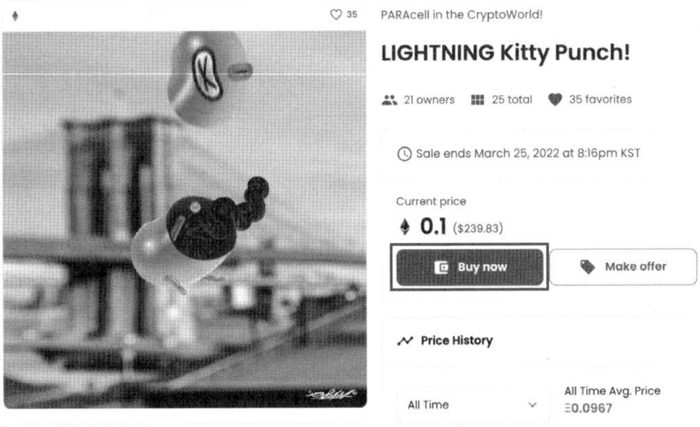

즉시 구매할 수 있는 NFT를 클릭해서 들어가면 이와 같은 화면이 나옵니다. 'Buy now'를 클릭하면 주의사항이 팝업창으로 뜹니다. 팝업창의 내용은 오픈씨에서 리뷰하지 않는 NFT이고 한 번 사면 되돌릴 수 없다는 내용입니다. 웬만큼 유명 NFT가 아니면 오픈씨에서 리뷰하지 않으므로 이 내용은 무시해도 괜찮습니다. 그러나 구매 전에 크리에이터의 SNS나 웹사이트를 꼼꼼히 확인하는 절차는 필요합니다. 사기를 당해도 보상받기란 불가능에 가깝기 때문입니다.

구매할 의향이 있다면 'Confirm checkout'을 클릭하여 구매를 완료합니다. 이때 발생하는 가스비는 이더리움 네트워크 사용에 관한 수수료로 이해하면 됩니다. NFT의 가격과 가스비만큼 지갑에 이더리움이 있어야 하므로 구매 전에 넉넉히 넣어놓는 게 좋습니다. 가스비는 네트워크의 부하 정도에 따라 달라지므로 매우 유동적입니다.

구매 과정을 차근차근 복습하고 싶다면 아래 QR코드의 제 유튜브 영상을 참고하세요.

NFT 구매하는 방법(유튜브)

NFT 민팅과 판매하기

이제 NFT를 실제로 민팅해 보겠습니다. 어떤 디지털 파일을 NFT로 만들 수 있을까요? 웬만한 디지털 파일은 다 됩니다. 오픈씨에서는 업로드 파일의 용량만 100MB로 제한할 뿐 대부분의 파일 유형을 지원합니다. 여러분이 찍은 사진이나 영상, 음악 등 원하시는 것을 올리면 됩니다. 실물 작품을 스캔하여 올릴 때는 NFT 설명에 실물 작품을 스캔한 NFT라는 것을 밝히는 것이 좋습니다. 실제로 국내의 마켓 플레이스에서 어떤 작가의 NFT를 민팅하려고 했으나, 일부 NFT에 실물 작품이 있다는 게 알려져 민팅이 연기된 일이 있습니다. NFT는 희소성이 굉장히 중요한 시장입니다. 그래서 구매자들은 희소성에 매우 민감합니다.

저작권도 매우 중요합니다. 오픈씨에서는 타인의 저작물인 이미지나 영상을 NFT로 민팅했다는 게 밝혀지면 삭제 처리합니다.

참고로 원래 민팅은 동전과 같은 법정화폐를 주조할 때 사용되던 단어였습니다. 그러나 NFT 시장에서는 NFT를 발행하거나 NFT를 구매할 때 사용됩니다. 구매할 때 사용되는 경우는, 다른 사람이 내 가상 지갑을 통해 NFT를 발행할 때입니다. 주로 NFT 프로젝트들이 이런 방식을 사용하는데, 암호화폐 프로젝트팀에게 송금하면, 프로젝트팀에서는 내 가상 지갑에 NFT를 넣어 줍니다. 민팅은 이처럼 내 지갑을 통해 NFT를 발행하는 과정을 말합니다. 즉, NFT를 제작할 때도 사용하지만 NFT를 구매할 때도 사용하는 단어입니다.

오픈씨에서 NFT를 판매하기 위해서는 몇 가지 절차가 필요

합니다. 오픈씨에 가입한 뒤, 컬렉션을 만들어야 합니다. 컬렉션이란 오픈 마켓의 상점과 같은 의미입니다. 컬렉션에 판매할 NFT를 진열하고, '판매하기'를 클릭해야 비로소 판매가 시작되지요. 단계별로 소개하도록 하겠습니다.

1단계: 컬렉션 만들기

민팅의 첫 번째 단계는 컬렉션을 만드는 것입니다. 내 상점을 만드는 것 같습니다. 컬렉션은 민팅하고 싶은 NFT의 주제에 따라 원하는 만큼 만들 수 있습니다. 여러분이 찍은 사진을 NFT로 민팅한다면 '풍경 컬렉션, 인물 컬렉션, 음식 컬렉션' 식으로 나눠서 만들 수 있습니다. 오른쪽 상단 프로필 사진에 마우스 커서를 올리면 'My Collections'라는 메뉴가 옵니다. 클릭 후 'Create a collection'을 한 번 더 클릭해 메타마스크에 서명합니다.

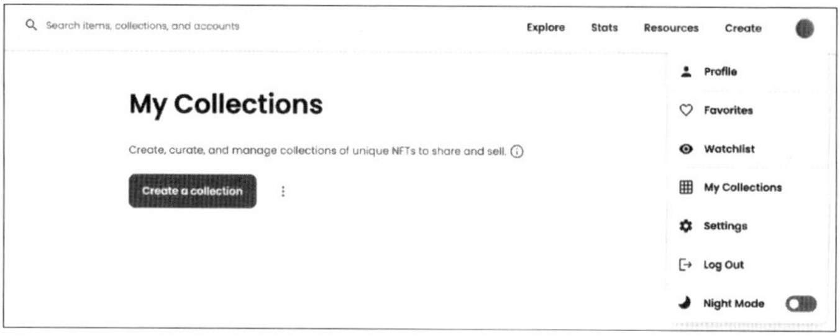

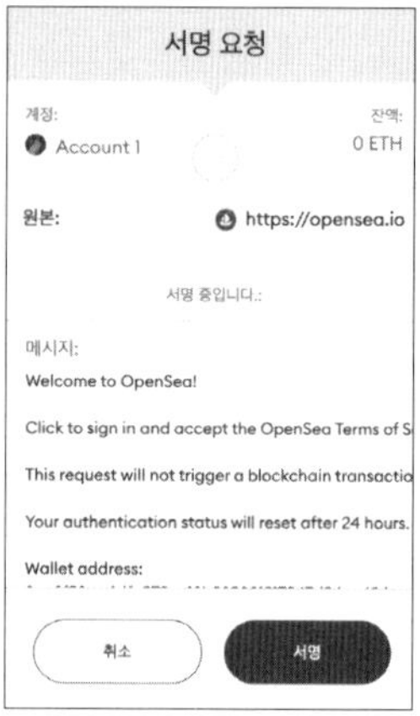

컬렉션을 작성할 때는 영어로 작성하시길 추천합니다. NFT는 국내시장보다 해외시장이 훨씬 큽니다. 또한, 오픈씨는 글로벌 플랫폼이기 때문에 국내 컬렉터보다는 해외 컬렉터가 더 많습니다. 영어에 자신이 없다면 파파고나 구글 번역기를 활용해 작성해도 됩니다. 아래 이미지를 참고해 컬렉션 제작을 완성해 봅시다. 컬렉션은 나중에 수정할 수 있으니 편하게 만들어 보세요.

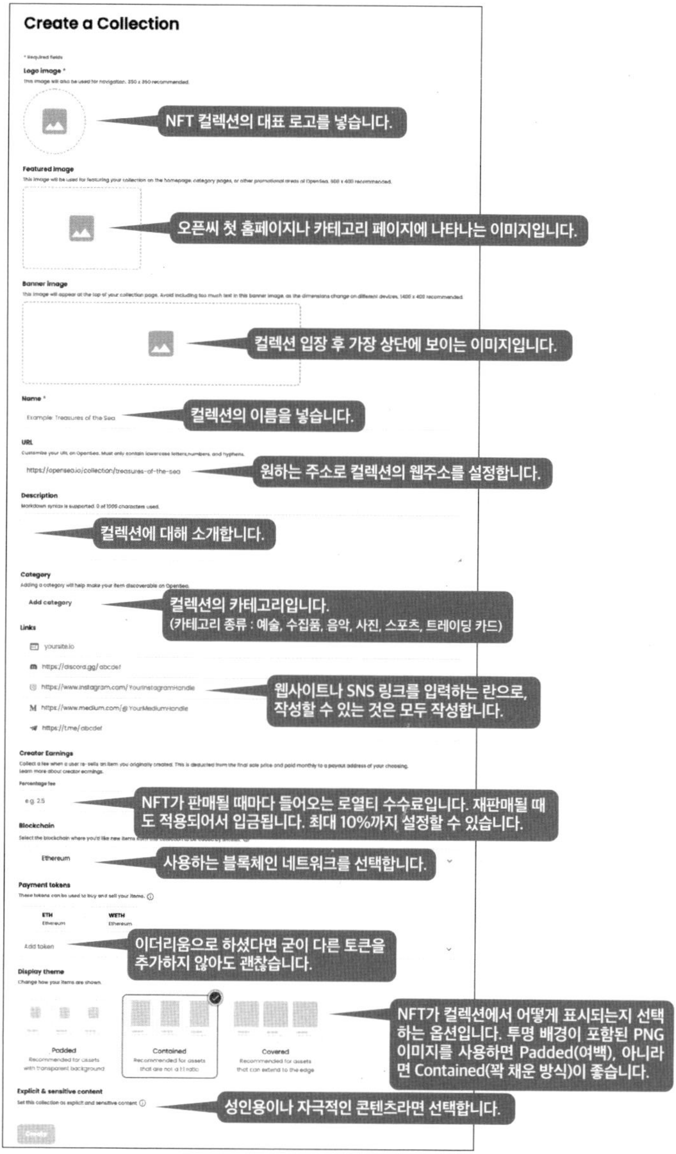
Create a Collection
Logo image *
NFT 컬렉션의 대표 로고를 넣습니다.
Featured image
오픈씨 첫 홈페이지나 카테고리 페이지에 나타나는 이미지입니다.
Banner image
컬렉션 입장 후 가장 상단에 보이는 이미지입니다.
Name *
Example: Treasures of the Sea
컬렉션의 이름을 넣습니다.
URL
https://opensea.io/collection/treasures-of-the-sea
원하는 주소로 컬렉션의 웹주소를 설정합니다.
Description
컬렉션에 대해 소개합니다.
Category
Add category
컬렉션의 카테고리입니다.
(카테고리 종류 : 예술, 수집품, 음악, 사진, 스포츠, 트레이딩 카드)
Links
yoursite.io
https://discord.gg/abcdef
https://www.instagram.com/YourInstagramHandle
https://www.medium.com/@YourMediumHandle
https://t.me/abcdef
웹사이트나 SNS 링크를 입력하는 란으로,
작성할 수 있는 것은 모두 작성합니다.
Creator Earnings
Percentage fee
e.g. 2.5
NFT가 판매될 때마다 들어오는 로열티 수수료입니다. 재판매될 때
도 적용되어서 입금됩니다. 최대 10%까지 설정할 수 있습니다.
Blockchain
Ethereum
사용하는 블록체인 네트워크를 선택합니다.
Payment tokens
ETH
Ethereum
WETH
Ethereum
Add token
이더리움으로 하셨다면 굳이 다른 토큰을
추가하지 않아도 괜찮습니다.
Display theme
Padded
Contained
Covered
NFT가 컬렉션에서 어떻게 표시되는지 선택
하는 옵션입니다. 투명 배경이 포함된 PNG
이미지를 사용하면 Padded(여백), 아니라
면 Contained(꽉 채운 방식)이 좋습니다.
Explicit & sensitive content
성인용이나 자극적인 콘텐츠라면 선택합니다.

2단계: 아이템 만들기

컬렉션 만들기가 끝났다면 이제 상품인 NFT를 진열할 차례입니다. 오픈씨에서는 '아이템'이라고 표현합니다. 전에 만든 컬렉션에 들어가서 오른쪽 상단에 'Add item'을 클릭합니다.

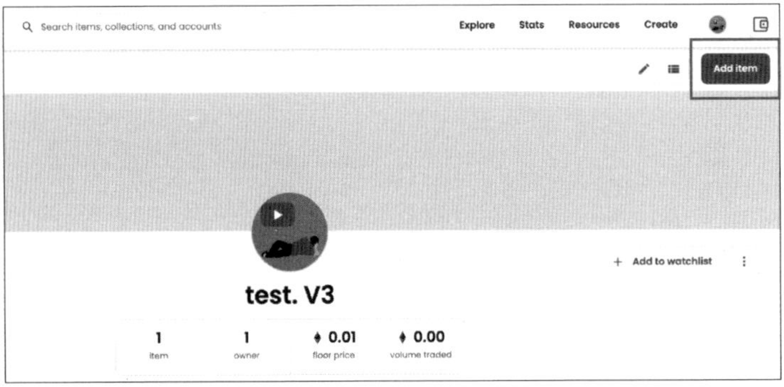

아이템을 만들 때 넣는 상세한 내용은 아래 이미지를 참고하세요. 컬렉션을 만들 때와 마찬가지로 영어로 표기하는 게 좋으며, 한글을 쓴다면 영어 병기를 추천합니다.

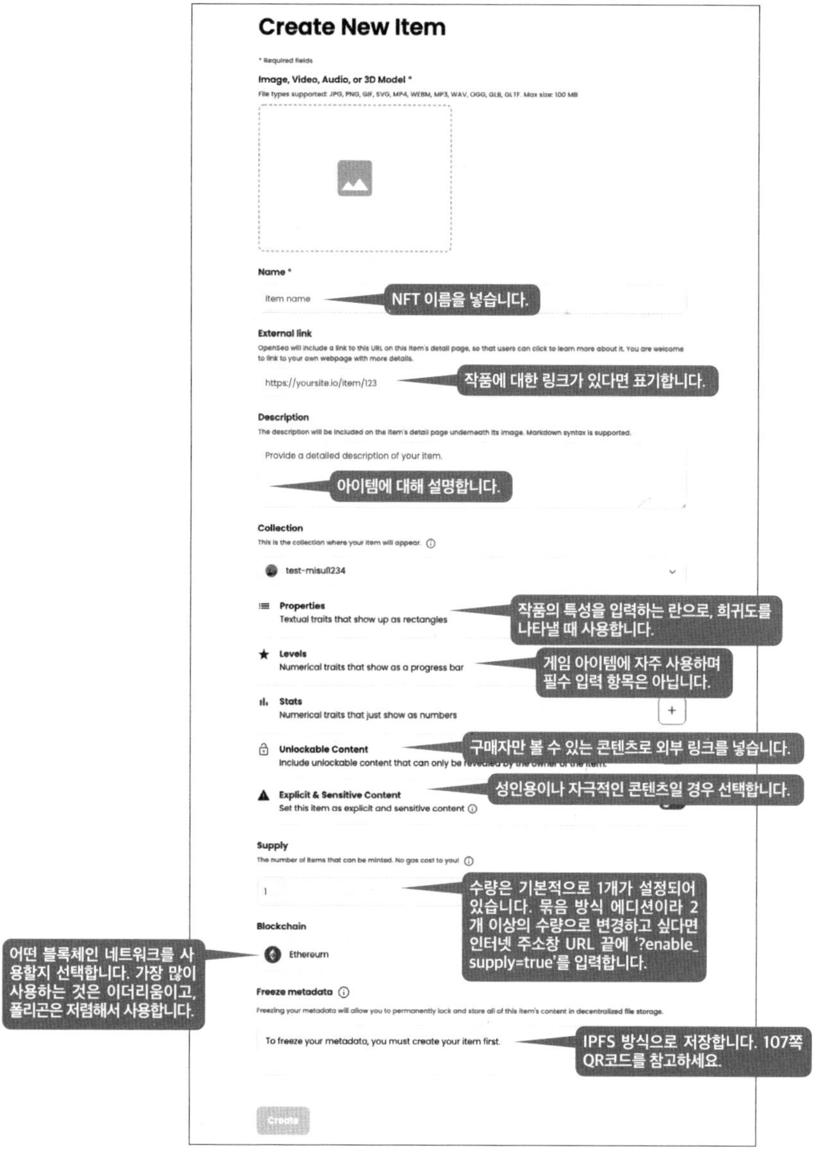
Create New Item
* Required fields
Image, Video, Audio, or 3D Model *
File types supported: JPG, PNG, GIF, SVG, MP4, WEBM, MP3, WAV, OGG, GLB, GLTF. Max size: 100 MB
Name *
Item name
NFT 이름을 넣습니다.
External link
OpenSea will include a link to this URL on this item's detail page, so that users can click to learn more about it. You are welcome to link to your own webpage with more details.
https://yoursite.io/item/123
작품에 대한 링크가 있다면 표기합니다.
Description
The description will be included on the item's detail page underneath its image. Markdown syntax is supported.
Provide a detailed description of your item.
아이템에 대해 설명합니다.
Collection
This is the collection where your item will appear.
test-misull234
Properties
Textual traits that show up as rectangles
작품의 특성을 입력하는 란으로, 희귀도를 나타낼 때 사용합니다.
Levels
Numerical traits that show as a progress bar
게임 아이템에 자주 사용하며 필수 입력 항목은 아닙니다.
Stats
Numerical traits that just show as numbers
Unlockable Content
구매자만 볼 수 있는 콘텐츠로 외부 링크를 넣습니다.
Explicit & Sensitive Content
Set this item as explicit and sensitive content
성인용이나 자극적인 콘텐츠일 경우 선택합니다.
Supply
The number of items that can be minted. No gas cost to you!
1
수량은 기본적으로 1개가 설정되어 있습니다. 묶음 방식 에디션이라 2개 이상의 수량으로 변경하고 싶다면 인터넷 주소창 URL 끝에 '?enable_supply=true'를 입력합니다.
Blockchain
Ethereum
어떤 블록체인 네트워크를 사용할지 선택합니다. 가장 많이 사용하는 것은 이더리움이고, 폴리곤은 저렴해서 사용합니다.
Freeze metadata
Freezing your metadata will allow you to permanently lock and store all of this item's content in decentralized file storage.
To freeze your metadata, you must create your item first.
IPFS 방식으로 저장합니다. 107쪽 QR코드를 참고하세요.
Create

3단계: NFT 판매하기

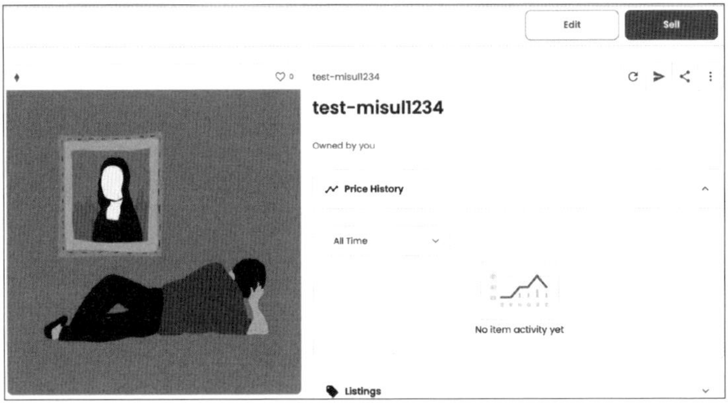

최종 'Create' 버튼을 누르면 드디어 여러분이 만든 NFT가 탄생합니다. 이제 NFT를 팔 차례입니다. 판매 방식에는 세 가지가 있습니다. 첫째는 '제안받은 가격으로 판매하기'입니다. 처음 만든 NFT를 얼마에 팔지는 막막합니다. 가스비를 들여서 판매를 시작해도 팔리지 않기도 하지요. 이럴 때는 즉시 판매보다는 여러분의 NFT를 홍보하면서 가격을 제안받는 방법도 해볼 법합니다. 이 방법은 NFT를 만들어 두고 다른 사람이 가격을 제안할 때까지 기다리면 됩니다. 다른 사람의 NFT를 보면 'Make offer' 버튼이 있습니다. 이 버튼을 클릭하면 상대방에게 내가 구매할 가격을 제안할 수 있습니다. 이 제안은 열흘간 유효하며, 해당 기간에 수락하면 거래가 완료됩니다.

둘째는 '경매 방식'입니다. 오픈씨에서는 두 가지 경매 방식을 지원합니다. 낮은 가격에서 시작하여 높은 가격에 낙찰되는 '영국식 경매(English Auction)' 방법과 반대로 높은 가격에 시작하여 시간이 갈수록 가격이 점점 내려가는 '네덜란드식 경매(Dutch Auction)' 방법입니다. 영국식 경매는 참여자들의 경쟁을 유도하여 가격을 높이는 방법입니다. 경매 종료 10분 전에 새로운 입찰자가 나타나면 경매 시간이 10분 연장됩니다. 주로 경매 종료 시각이 임박하면서 응찰이 활발해집니다.

네덜란드식 경매는 다소 낯설 것입니다. NFT를 소유하고자 하는 사람들의 불안감을 이용하는 방법으로, 예를 들어 어떤 작품의 경매 시작가가 100만 원이고 2시간마다 10만 원씩 내려가는 경매가 있다고 가정해 봅시다. 이런 경우 나는 80만 원에 응찰하겠다고 전략을 세웠는데 누군가가 90만 원에 응찰하여 낙찰받을 수도 있습니다. 내가 너무나 갖고 싶었던 작품이라면 아쉬

울 것입니다. 이런 심리를 이용해 경매하고 싶다면 시작가를 다소 높은 가격으로 설정해 두는 게 좋습니다. 누군가가 여러분이 생각한 가격보다 높게 작품을 응찰할 수도 있기 때문입니다. 상세한 항목별 입력은 다음과 같습니다.

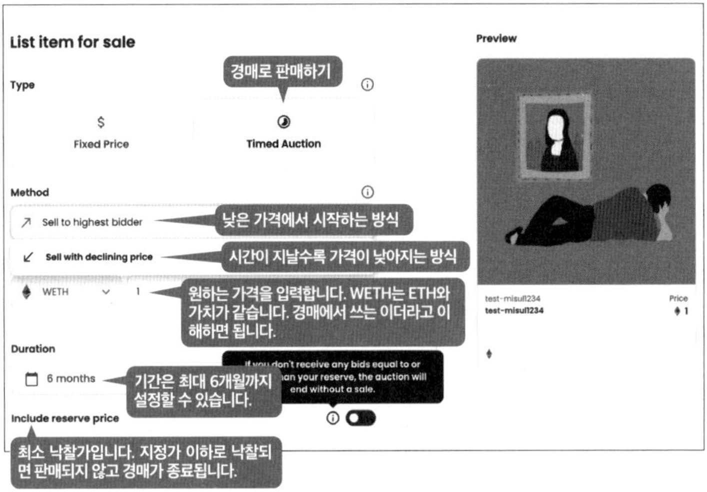

셋째는 '고정 가격에 판매하기'입니다. 얼마에 팔아야 팔릴지 예상된다면 고정 가격으로 판매할 수 있습니다. 그렇다면 가격은 어떻게 정할까요? 기존에 여러분의 실물 작품을 판 경험이 있다면 그 가격을 기준으로 해도 될 것 같습니다. 여러분의 SNS 팔로워나 NFT에 관심 가질 만한 수요층을 고려해서 가격을 책정해도 좋을 것입니다.

가능하면 높은 가격으로 시작하는 것이 유리합니다. 높은 가격으로 설정해 판매되면 좋고, 추후 가격을 낮추어도 가스비가 발생하지 않기 때문입니다. 가격을 높일 때는 가스비가 발생합니다. 상세한 항목별 입력은 다음과 같습니다.

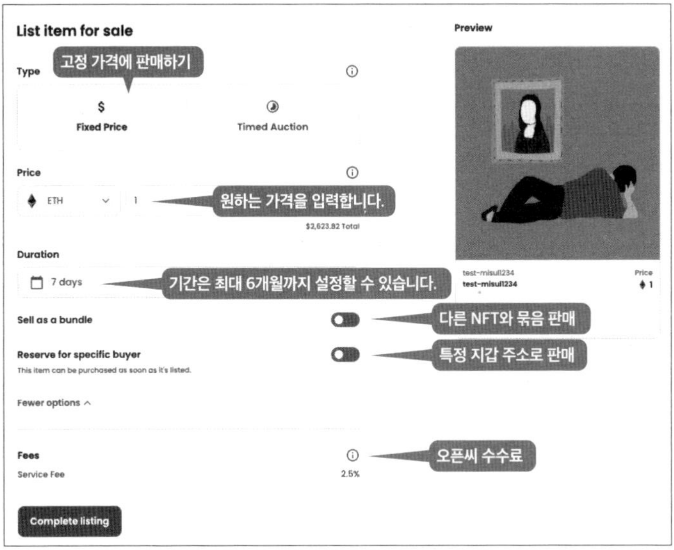

이렇게 모든 항목을 입력하고 'Complete listing'을 클릭하면 아래와 같이 오픈씨와 메타마스크 지갑의 실행이 동시에 진행됩니다. 예상 가스비가 나오고 '확인'을 클릭하면 NFT 판매 등록이 완료됩니다. 가스비는 이더스캔(https://etherscan.io)이나 구글에 '이더리움 가스비'를 검색하면 관련된 다양한 웹사이트를 찾을

수 있습니다.

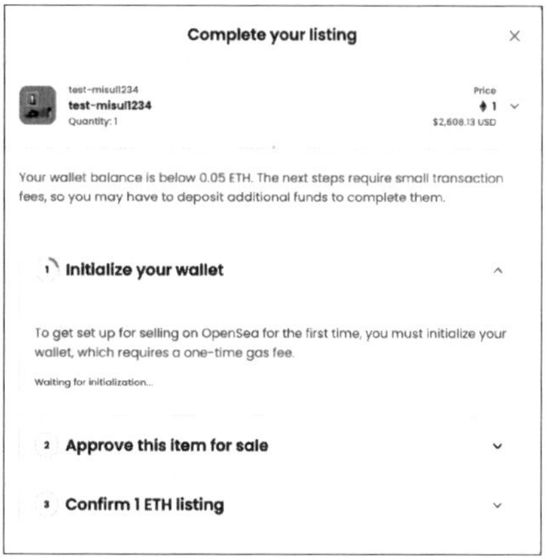

오픈씨 실행 화면

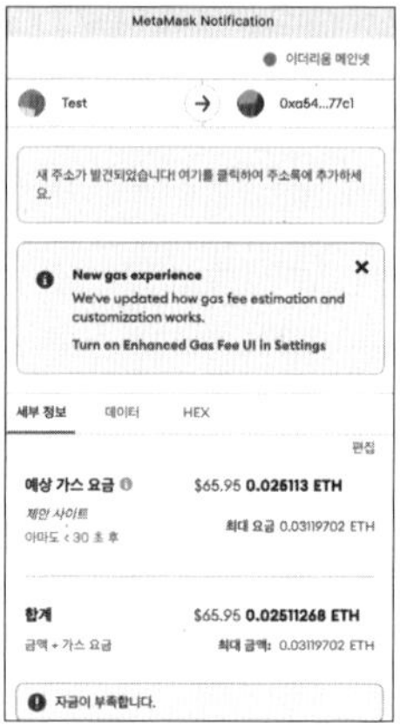

지갑 실행 화면

'NFT 민팅하기'에 관해 더 알아보고 싶은 독자께서는 아래 유튜브 영상을 한 번 더 보시길 추천합니다. 책에 기재하지 못한 오픈씨 꿀팁 영상도 있으니 확인하면 도움이 될 것입니다.

NFT 제작과 판매 방법(유튜브)

오픈씨 꿀팁과 FAQ(유튜브)

4단계: 데이터 프리징하기

앞서 '디지털 파일, 메타데이터, 스마트 컨트렉트'로 구성되어 있고, 보통의 NFT는 경제적인 이유로 스마트 컨트렉트만 블록체인에 업로드(온체인)된다고 언급했습니다. 그러나 이런 경우, 디지털 파일과 메타데이터는 별도의 서버에 저장되어 있으므로 완전히 탈중앙화된 형태라고 볼 수 없습니다. 데이터 변경이나 삭제의 가능성도 있지요. 그래서 디지털 파일과 메타데이터를 분산 저장하여 이러한 위험을 예방하게 되는데, 이를 '데이터 프리징'이라고 합니다. 말 그대로 데이터를 얼려서 처음 업로드한 그 상태로 보존하는 것을 말합니다. 아이템을 등록할 때 데이터 프리징 옵션을 선택하면 가스비가 발생합니다. 가스비는 이더리움 네트워크의 부하 정도에 따라 변동되며, 참고로 2022년 1월 제가 직접 해 보았을 때는 약 42달러가 발생했습니다. 데이터 프리징 영상은 아래 QR코드를 찍어 확인하면 도움이 될 것입니다.

NFT 에디션과
데이터 프리징(유튜브)

실전! NFT 구매하기

[준비물]
· 카카오톡 아이디
· 케이뱅크 계좌
· 사진이 부착된 신분증(주민등록증, 운전면허증, 여권)

1. 암호화폐 지갑 만들기

① 크롬에서 '메타마스크 크롬 익스텐션'을 클릭해 설치한다.
② 크롬을 통해 '지갑 생성'을 클릭해 암호를 생성한다.
③ '복구 문구'를 생성하고 잊지 않도록 기록해 둔다.
④ 절차에 맞게 '확인'을 클릭하면 메타마스크 지갑 만들기 완료!

2. 암호화폐 거래소 가입하기

① 업비트 홈페이지나 애플리케이션에 접속해 회원 가입한다.
② 이메일 인증, 휴대폰 인증, 케이뱅크 계좌 인증, 카카오페이 간편인증하면 완료!

3. 암호화폐 구입하기

① 업비트 홈페이지에 로그인해 매수 가격과 보유 금액을 입력한 후 구입한다.
② 메타마스크 주소를 입력해 구입한 암호화폐 출금을 신청한다.
③ 메타마스크 내 지갑에 출금 신청한 암호화폐가 송금되었는지 확인한다.

4. 오픈씨 가입하기

① 메타마스크 지갑이 설치된 크롬 브라우저를 실행해 오픈씨에 접속한다.

② 화면 오른쪽 상단의 사람 아이콘을 클릭해 메타마스크를 선택하면 자동 연동 완료.

5. NFT 구매하기

① 가격을 확인하고 가스비까지 생각해 지갑에 암호화폐를 넉넉히 넣어 둔다.
② 가격 제안하기: 현재 판매하지 않는 NFT 중 구매 의향이 있다면 'Make offer'를 클릭해 가격을 제안한다.
③ 바로 구입하기: 'Buy now'를 클릭해 바로 결제한다.
④ 'Confirm checkout'을 클릭해 구매 완료!

실전! NFT 민팅과 판매하기

1. 오픈씨에 컬렉션 만들기(상점 만들기)

① 오픈씨 내 프로필 사진에 마우스 커서를 올려 'My Collections'를 클릭한 뒤, 'Create a collection'을 클릭해 메타마스크에 서명한다.
② 컬렉션을 작성한다(영어로 작성하길 추천).

2. 아이템 만들기(만든 NFT 진열하기)

① 'Add item'을 클릭해 NFT를 상세 표기하여 등록한다.
② 'Create'를 클릭하면 완료!

3. NFT 판매하기

① 가격을 제안받고 싶다면 홍보한다.
② 경매를 원한다면 'List item for sale'에서 'Time Auction'에서 원하는 경매 방식을 선택해 진행한다.
③ 고정 가격으로 판매하고 싶다면 가능한 한 높은 가격으로 설정하고, 'List item for sale'에서 'FIxed Price'를 클릭해 진행한다.

PART 4

NFT 실전편: 작가

NFT 아트를 시작해 볼까 한다면 망설이지 마세요. 사용하기 편한 블록체인 네트워크와 마켓 플레이스를 골라 작품을 등록하고 컬렉터와 직접 만나 홍보하면 됩니다. NFT 작품의 성격 이해와 주요 요소를 알고 트위터를 통해 작품을 알리세요! 이 장에 트위터 이용 방법과 이벤트 기획, 포트폴리오 작성까지를 실었습니다.

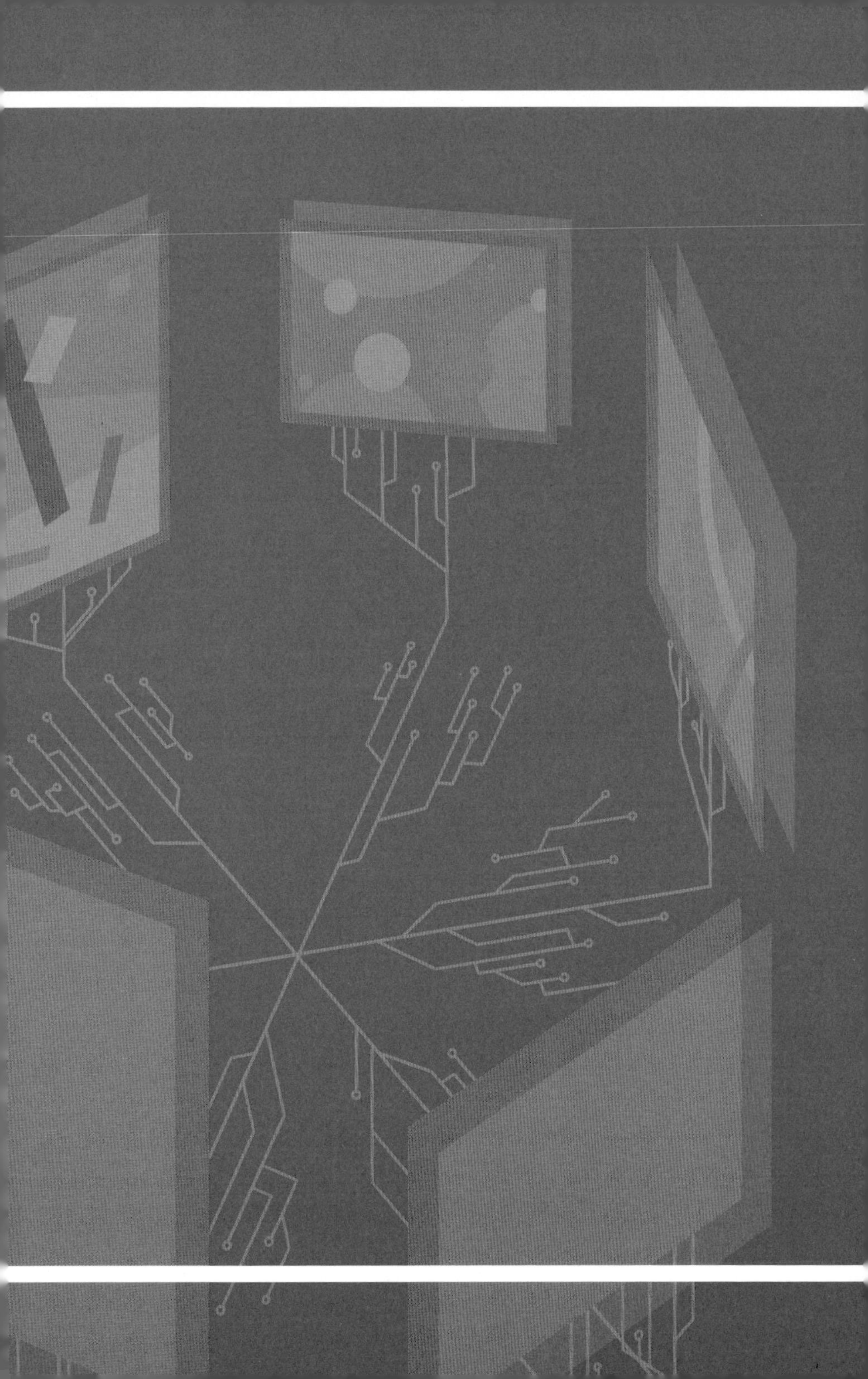

NFT 아트, 어떻게 시작할까?

낯선 분야에 뛰어드는 일에는 언제나 용기가 필요합니다. 모르는 분야에 대한 막연한 두려움 때문입니다. NFT 아트 역시 블록체인과 같은 낯선 IT 용어를 마주해야 하므로 굉장히 어려워 보이죠. 하지만 'NFT 아트를 해볼까?'라는 생각이 들었다면, 우선은 시작해 보시길 권합니다. 분명히 배우는 게 있고, 다음 활동에 도움이 될 것입니다.

NFT 아트의 첫 단계는 어떤 블록체인 네트워크와 마켓 플레이스를 이용할지를 정하는 일입니다. 블록체인 네트워크에는 솔라나, 클레이튼, 폴리곤 등이 있지만 저는 이더리움을 추천합니다. 100개의 NFT 프로젝트가 있다면 90개 이상이 이더리움을 사용하기 때문입니다. 그만큼 NFT 시장에서 이더리움의 점유율은 압도적입니다.

마켓 플레이스는 오픈씨에서 시작하는 것이 좋습니다. 오픈씨는 트위터, 인스타그램 계정 연동이 간편하고 많은 NFT 참여자가 사용하기 때문에 컬렉터들에게도 익숙한 곳입니다. 다른 마켓 플레이스 사용법도 대동소이하므로 오픈씨에서 시작해서 다른 마켓 플레이스로 확장하면 쉽습니다. 오픈씨에 NFT를 리스팅(Listing, 등록)할 때도 이더리움 블록체인 네트워크를 추천합니다. 유명 NFT 작가나 대형 NFT 프로젝트 대부분이 이더리움 기반이기 때문입니다. 시장이 가장 넓고, 구매자도 많습니다. 가스비가 비싸다는 단점은 있지만, 가스비는 NFT를 판매할 때만 발생하므로 리스팅하는 데는 문제가 없습니다. NFT를 리스팅하고 충분히 홍보한 후 판매를 진행하면 불필요한 가스비를 아낄 수 있습니다.

어떤 주제, 어떤 스타일로 NFT 작품을 만들지도 고민됩니다. 이 부분에는 정답이 없습니다. 여러분이 잘하는 분야로 만들면 됩니다. 단, 실물 작품을 스캔해 NFT로 만들 때는 주의사항이 있습니다. 상세 설명에 실물 작품을 기반으로 제작했다는 내용을 넣어야 합니다. 아직 법적인 이슈는 없으나, 앞서 언급했듯이 구매자들이 속았다고 생각할 수 있습니다. 작가의 평판과 신뢰도가 떨어지기도 합니다. 따라서 실물 작품을 활용한다면 디지털 파일의 특성을 살려 움직임이나 소리를 추가하는 것도 방법입니다. 그리고 NFT 아트는 작품성으로만 판매하기가 매우 어렵습니다. 추천 알고리즘이 없어 오롯이 작가가 홍보하는 만큼 노출되므로 작품을 만들었다면 반드시 홍보를 해야 합니다.

NFT 아트의 가치에 영향을 미치는 요소들

모든 예술 분야가 그렇듯이 NFT도 작품성이 기본입니다. 그러나 작품성은 주관적인 요소가 많습니다. 저는 예술 전문가는 아니므로 작품성을 제외한 NFT 아트의 주요 요소를 말씀드리겠습니다.

희소성

NFT가 가치 있다고 여겨지는 가장 큰 이유는 희소성 때문입니다. 한정판 운동화가 일반 운동화보다 몇 배는 비싸게 거래되는 이유도 희소성 때문이죠. 희소성의 가치는 해당 재화가 유명할수록 높아집니다. 제품의 인지도는 높고 그 제품을 소유하고 싶어 하는 사람이 많을수록 가격이 높게 책정됩니다. 예를 들어, 국민 MC인 유재석 씨는 말 그대로 모든 국민이 알고 있습니다. 전 국민이 아는 유재석 씨와 갓 데뷔한 신입 MC의 출연료는 차이가 날 수밖에 없습니다. 진행 실력의 차이도 있겠지만 결국, 사람들이 누구를 더 원하는가의 차이일 것입니다.

NFT도 같은 원리가 작동합니다. NFT는 디지털 파일이므로 복사본이 생기는 건 당연합니다. 그러나 해당 디지털 파일의 소유권인 NFT는 한정적입니다. 아무리 많은 복사본이 온라인에 돌아다녀도 소유권은 한정적이기 때문에, 복사본이 돌아다녀 유명해질수록 그 디지털 파일 소유권의 가치는 올라가게 됩니다. 파리의 에펠탑과 소재부터 크기까지 완전히 똑같은 복제된 에펠탑이 우리나라에 있다고 가정해 봅시다. 우리나라에 있는 K-에펠탑에 간다고 파리에 와 있는 기분이 들까요? 아닐 것입니다. 우리의 머릿속에는 '진짜 에펠탑은 파리에 있다'라는 사실이 각인되어 있기 때문입니다. 그렇다면 파리에서는 K-에펠탑의 존재를 안 좋게만 생각할까요? 그럴 수도 있지만, 파리는 K-에펠탑이 진짜 에펠탑을 홍보해 준다고 생각할 수도 있습니다. 사람들이 K-에펠탑을 보면서 진짜 에펠탑을 보고 싶다는 욕망을 느낄 수도 있고, 파리라는 도시를 동경할 수도 있으니 그리 나쁘지는 않은 것 같습니다. 이렇게 NFT 디지털 파일이 많은 사람의

SNS에서 공유되고 사람의 관심을 받게 되면, 해당 NFT 소유권의 가치는 높아집니다. 즉, NFT의 디지털 파일의 복제 자체는 큰 문제가 아닙니다.

그러나 복제 파일이 원작자의 허락 없이 상업적으로 이용되거나 저작권에 저촉되는 일이 발생하면 문제가 됩니다. 그러므로 NFT 제작자라면 NFT의 특징을 알고, NFT의 디지털 콘텐츠를 적극적으로 홍보하고 알리는 일에 집중해야 합니다. 소유권의 가치를 높이는 일입니다.

보유 혜택

NFT와 실물 작품과 가장 큰 차이점은 거래 내역이 투명하게 공개된다는 점입니다. 이런 특성을 활용하여 작가는 실물 작품 컬렉터에게 줄 수 없는 새로운 혜택을 NFT 홀더들에게 제공할 수 있습니다. 작품의 소유권을 보유한 사람들에게 새 작품을 살 수 있는 우선권이나 사은품을 준다든지, 작가가 주최하는 행사의 무료 초청장을 준다든지 등입니다. 실물 작품은 작가의 손을 떠나면 2차, 3차 판매가 이루어질 수 있어 현재 누가 작품을 소유하고 있는지 알 수가 없지만, NFT는 만든 직후부터 가장 최근의 거래 내역까지 볼 수 있기에 가능합니다. 보유 혜택은 작품 고유의 예술성과 더불어 NFT의 가치를 높일 수 있는 좋은 방법입니다.

Event	Price	From	To	Date
Transfer		0xSpaceVault	0xSpaceExchange	2 months ago
Transfer		nifty-gateway-omnibus	0xSpaceVault	2 months ago
Transfer		0xSpaceVault	nifty-gateway-omnibus	a year ago
Transfer		nifty-gateway-omnibus	0xSpaceVault	a year ago
Minted		NullAddress	nifty-gateway-omnibus	a year ago

(출처: 오픈씨 Beeple Everydays - Raw #42/100)

NFT에 보이는 거래 내역

실제로 팀 단위로 진행하는 프로젝트에서는 NFT 홀더들에게 혜택을 제공함으로써 생태계를 확장하고 있습니다. 세계에서 가장 유명한 NFT 프로젝트 BAYC는 NFT 홀더들에게 〈Bored Ape Kennel Club〉이라는 개 이미지의 NFT를 무료로 나누어 주기도 하고, BAYC NFT 홀더를 위한 오프라인 행사 'Ape Feast'를 2021년 10월 31일부터 11월 6일까지 뉴욕에서 개최하기도 했습니다. 지금도 NFT의 기술적인 특징을 활용한 다양한 시도가 있습니다.

혜택을 제공할 때는 정확히 공지하는 것이 중요합니다. 몇 월 며칠 몇 시에 어떤 NFT 홀더들에게 어떤 혜택을 제공하겠다는 안내를 해야 매끄럽게 진행됩니다. 참고로 특정 시간에 NFT 보유 여부를 확인하고 증빙을 남기는 행위를 '스냅샷(Snap shot) 찍는다'라고 합니다.

<지루한 원숭이 요트 클럽(BAYC)>

(출처: 오픈씨, Bored Ape Kennel Club #7598)

<Bored Ape Kennel Club>

저작권의 활용

앞서 NFT는 작품의 소유권이 거래되는 것이라고 이야기했습니다. 그래서 구매한 NFT를 활용해 굿즈를 제작해 판매하거나 2차 창작물의 제작이 아예 불가한 건 아닙니다. 애초에 NFT를 판매할 때 굿즈나 2차 창작물을 제작 판매하는 상업적 활용에 대한 권한을 함께 제공하면 어떻게 될까요? BAYC는 이 점을 잘 활용한 NFT 프로젝트입니다. BAYC NFT를 구매한 사람들은 해당 NFT를 활용하여 소설을 창작하거나, 가상 음악 밴드를 만드는 등의 2차 활용을 할 수 있습니다. 프로젝트팀은 BAYC NFT 구매자의 2차 창작 활동이 BAYC의 생태계를 확장하고 풍성하게 하는 요소가 될 거로 본 거죠. 실제로 BAYC 생태계의 발전은

NFT를 더 유명하게 만들어 가치를 높이고 있습니다.

BAYC #8774(왼쪽)를 활용하며 만든 아디다스 캐릭터(오른쪽)

국내 미디어 아티스트 전병삼 작가도 이와 같은 시도를 하고 있습니다. 2022년 3월에 민팅한 〈SPIN〉 시리즈는 구매자가 직접 NFT를 사용하여 그림을 그릴 수 있습니다. 게다가 완성한 그림으로 또 다른 NFT를 만들거나 굿즈로 제작해서 판매하는 상업적 활용도 가능합니다.

전병삼 작가의 NFT 커뮤니티 멤버들이 그린 NFT

이러한 사례는 NFT뿐 아니라 다른 사업에서도 찾아볼 수 있습니다. 예를 들어, 구글은 안드로이드 OS 소스를 사용자들에게 개방해 시장점유율을 빠르게 높였습니다. 저작권도 이와 같은 오픈 소스 방식으로 컬렉터들에게 제공된다면 작품 세계를 확장할 수 있는 효과적인 수단이 될 것입니다.

스토리

'최고의 아웃도어 제품을 만들되 그로 인한 환경 피해를 유발시키지 않는다'라는 경영 철학으로 운영하고 있는 브랜드 스토리의 '파타고니아'는 환경에 민감한 MZ 세대에게 큰 호응을 얻고 있습니다. BTS 역시 그들만의 세계관을 바탕으로 글로벌 보이밴드가 되었습니다. 이처럼 한 브랜드의 스토리나 세계관은 팬덤을 만드는데 중요한 요소로 꼽힙니다. 현재 국내에서 가장 성공적인 NFT 프로젝트로 꼽히는 작품은 〈메타콩즈〉입니다. 홈페이지에 들어가면 가장 먼저 보이는 게 프로젝트에 대한 스토리로, 지루함에 시달리던 서커스단의 고릴라들이 파라다이스로 이어진 하수구에 들어가는 걸로 시작됩니다.

(출처: 메타콩즈 홈페이지)

메타콩즈 스토리

BAYC 역시 고유의 스토리가 있습니다. 암호화폐의 급상승으로 큰 부자가 되어 버린, 그래서 세상의 모든 것이 지루해져 버린 원숭이들의 이야기죠. 이런 스토리는 NFT 프로젝트의 철학을 커뮤니티 참여자들과 공유하고, 참여자들이 더욱 재미있게 커뮤니티에 참여하는 힘이 됩니다.

BAYC 홈페이지

물론, 스토리 창작에는 고민이 필요합니다. 메타콩즈나 BAYC와 같은 대형 프로젝트에 스토리를 입혀 창작할 수도 있지만, 여러분이 창작한 NFT에 스토리를 짜야 한다면 아예 새로운 스토리를 짜야 합니다. 실물 작품 활동을 했다면 여러분의 작품 세계를 어떻게 디지털 세계로 가져올지에 대한 고민도 해야 할 것입니다.

커뮤니티

실물 작품의 거래 과정에서는 창작자와 컬렉터 간의 직접적인 관계 형성이 어렵습니다. 작품이 갤러리나 딜러 등의 중간 매개체를 통해 거래되기 때문입니다. 첫 판매 후 2차, 3차 거래가 진행되면 창작자와 컬렉터의 관계 맺기는 더욱 힘들어지죠. 그러나 NFT는 거래 과정이 모두 스마트 컨트렉트에 기록됩니다. 창작자는 자신의 작품이 어떤 사람들에게 판매되고 재판매되었는지 투명하게 알 수 있어 컬렉터들과 관계의 끈을 이어갈 수 있는 셈입니다. 그런데 이 끈들을 하나로 묶으면 어떻게 될까요? 아마 창작자의 작품을 사랑하는 컬렉터들끼리 커뮤니티가 생성될 것입니다. 그리고 이 커뮤니티는 창작자에게 새로운 기회를 만들어 줍니다. 컬렉터들이 홍보대사가 되어 작품을 알릴 수도 있고, 새로운 작품이 나왔을 때 첫 번째로 수집할 가망 고객이 되기도 하죠. 이러한 팬덤은 창작자를 지지하는 서포터가 되어 향후 작품 활동을 하는 데 큰 힘이 됩니다. BTS가 아미라는 강력한 팬덤을 기반으로 글로벌한 성공을 거둔 것이 좋은 사례입니다.

커뮤니티를 형성하는 과정이 쉽지는 않습니다. 사람을 모으기도 힘들지만, 사람이 모일수록 의도하지 않은 일도 벌어지기 때문이죠. 커뮤니티에는 작품에 대한 순수한 애정으로 참여하는 사람도 있지만, 단순히 NFT 매매로 수익을 챙기려는 사람도 참여합니다. 그래서 잡음이 생기는 커뮤니티도 많고, 이러한 잡음은 창작자의 작품 활동에 방해가 되기도 합니다.

커뮤니티를 효과적으로 운영하고 싶다면 다양한 목소리에 마음을 열고, NFT 홀더들에게 보유 혜택이나 저작권 활용 등을 제공하는 것이 좋습니다.

NFT 작품 홍보하기

NFT를 오픈씨에 성공적으로 민팅했습니다. 그러면 바로 작품 판매로 이어질까요? 애석하게도 NFT는 유튜브처럼 추천 알고리즘 기능이 없습니다. 그만큼 여러분이 홍보하는 것이 중요합니다. 사전에 홍보 계획을 세우고 진행하시길 추천합니다. 아래에 제시하는 팁은 여러분만의 NFT 홍보 계획을 세우는 데 도움이 될 것입니다.

첫 단계는 트위터

우리나라 사람들이 가장 많이 사용하는 SNS는 인스타그램입니다. 인스타그램을 활용하는 것은 어떨까요? 안타깝지만 NFT 홍보는 인스타그램보다 트위터가 훨씬 효과적입니다. 가상 자산과 암호화폐에 익숙한 사람들이 트위터에서 가장 많이 활동하기 때문입니다. 물고기를 잡으려면 물가로 가야 하듯이, 잠재적인 NFT 구매자를 찾으려면 트위터로 가야 합니다.

트위터에서 어떻게 활동해야 할까?

많은 분이 트위터에 익숙하지 않을 거로 생각합니다. NFT 작품 활동을 위해 트위터에 처음 입장한다면 막막할 것입니다. 처음에는 시간을 들여 손품을 팔아야 합니다. 낯을 많이 가리는 편이어도 온라인 세상에서는 적극적으로 먼저 다가가세요. 다른 작가의 NFT 작품 트윗에 '좋아요'를 누르거나 리트윗해 홍보해 주고, 여러분도 NFT 작품을 준비하고 있으니 구경하라는 식으로 교류를 시작하면 됩니다. 10명이면 10명 다 반응하지는 않겠지만 4~5명이라도 교류하게 된다면 큰 소득입니다. 여러분 계정의 팔로워가 적어도 괜찮습니다. 먼저 '좋아요'를 누르고 리트윗하면 상대 작가에게 정서적 도움을 주기 때문에 겁먹을 필요 없습니다.

관계를 맺을 NFT 작가를 찾는 방법은 다양합니다. 여러분이 좋아하는 작가 계정의 팔로워나 팔로잉 리스트를 살펴보거나,

#NFTART #NFT #NFT아트 등 관련 태그를 검색하세요. 또한, 트위터에는 '트위터 스페이스'라는 실시간 음성 커뮤니케이션 기능이 있습니다. 관심 NFT 작가나 컬렉터의 계정을 팔로우하면 그들이 스페이스를 열었을 때 알람이 옵니다. 참여하면 대화하며 관계를 맺고, 최신 정보를 얻을 수 있습니다.

마지막으로 국내와 해외 계정을 골고루 팔로우하기를 추천합니다. 국내 계정은 작품 활동을 함께할 커뮤니티를 형성하는 데 도움이 되고, 해외 계정은 NFT 관련 트렌드와 새로운 소식을 접하는 데 도움이 됩니다. 트위터에서 자체 번역 기능을 지원하기 때문에 해외 트윗도 쉽게 읽을 수 있습니다.

NFT 커뮤니티를 찾아본다

저는 해외여행을 가거나 새로운 물건을 구매할 때면 항상 관련 네이버 카페를 찾아봅니다. 먼저 경험한 사람들에게서 정보를 얻기 위해서입니다. 네이버 카페를 이용하면 A부터 Z까지 모든 정보를 알아보는 시간과 노력을 아낄 수 있죠. NFT 아트도 마찬가지로 NFT 아트 커뮤니티를 찾으면 유용합니다. NFT 아트 커뮤니티 중 두 클럽을 소개합니다.

첫 번째는 국내 최초의 NFT 작가 커뮤니티인 '클하 NFT'입니다. 2021년 2~3월경 국내에 NFT 관련 뉴스가 서서히 나오기 시작할 때 생긴 커뮤니티로 도지사운드클럽의 커뮤니티 매니저 '킹비트(kingbit)'가 만들었습니다. 현재도 활발하게 활동하는 커뮤니티이므로 클럽하우스 애플리케이션에 '한국어 NFT클럽'을 검색하면 검색됩니다. NFT와 작품에 대한 가벼운 이야기, 다양한 주제로 자유롭게 대화하는 분위기이니 부담 없이 참여해 보면 좋을 것입니다.

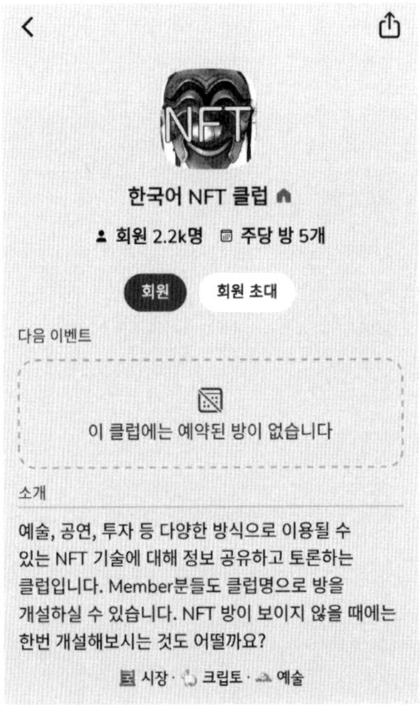

클럽하우스 한국어 NFT 클럽

두 번째로 소개할 커뮤니티는 'NFT'z(엔에프티즈)'라는 웹사이트입니다. NFT 투자자와 아티스트 게시판이 따로 있으며, 창작자는 아티스트 게시판에 자유롭게 자신을 소개하고 작품을 홍보할 수 있습니다. NFT 작가와 투자자들의 SNS를 팔로우해 교류할 수도 있습니다.

NFT'z 홈페이지

사전 홍보하기

어떤 콘셉트로 NFT를 제작할지 정했다면, 무작정 민팅하기보다 사전 홍보를 기획하는 것이 좋습니다. 영화 제작사가 영화 개봉일에 앞서 예고편을 내놓는 것과 비슷합니다. 사전 홍보 때 리트윗 이벤트 등을 진행하면 조금 더 많은 사람에게 여러분의 NFT를 알릴 수 있습니다. NFT를 민팅하기 전에 조금이라도 가망 고객을 모으면 조금 더 수월하게 판매할 수 있을 것입니다.

(출처: 08AM 작가 트위터)

NFT 사전 홍보 영상 예시

과정을 공유하자

민팅한 후에는 NFT 작품의 사전 홍보 내용과 진행 상황을 꾸준히 노출해 공유하고, 작품이 판매되면 구매자에게 감사 인사를 하는 것이 좋습니다. 오픈씨에서는 지갑 주소와 트위터 계정을 연동하는 기능이 있어 구매자를 찾는 게 가능합니다. 이렇게 컬렉터와 관계를 맺으면 다음 NFT 작품을 선보였을 때 작품 홍보를 부탁하는 등 실질적인 도움을 받을 수도 있습니다.

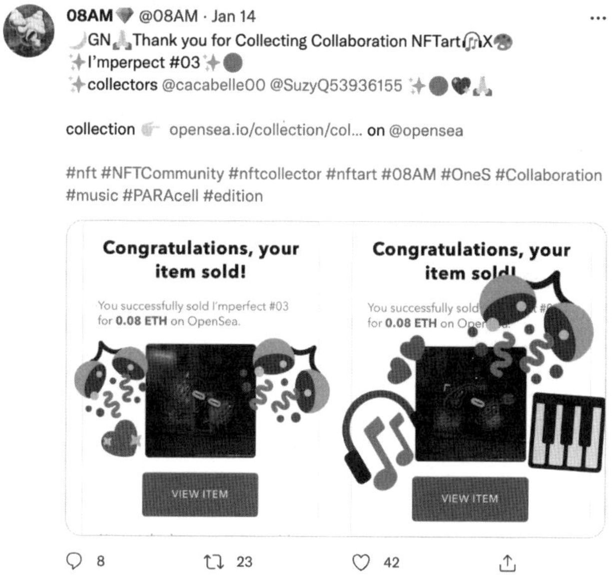

(출처: 08AM 작가 트위터)

컬렉터에게 보내는 감사 인사

에어드롭 이벤트

NFT를 홍보해 주는 사람에게 무료로 NFT를 제공하는 이벤트(에어드롭, Airdrop)도 해볼 수 있습니다. 예를 들어, 가장 활발하게 활동하는 사람이나 특정 미션을 수행한 사람을 한두 명을 추첨하여 무료로 NFT를 제공하는 것입니다. 특정 미션은 트위터에서 친구를 태그하고 리트윗하거나, 트윗에 댓글을 남기고 '좋아요'를 누르는 등의 미션이 해당할 것입니다. 아직 NFT 시장은 태동기여서 어떤 작품이 유명해질지 모릅니다. 그래서 이런 이벤트에 관심 있는 사람이 많습니다. 현재 세계에서 가장 유명한 NFT 중 하나인 〈크립토펑크〉 또한 초기에는 무료로 NFT를 나누어주기도 했습니다.

NFT 이벤트를 열 때는 트위터에 '#NFTairdrop #airdrop #NFTgiveaway'와 같은 태그를 넣으세요. 그래야 트위터 검색에 많이 노출됩니다. 물론, 이런 이벤트를 자주 하면 무료 이미지로 인식될 수 있으므로 적절하게 진행하는 게 좋습니다.

에어드롭 이벤트 예시

쇼타임을 이용한 포트폴리오 만들기

구매자는 마음에 드는 NFT를 발견하면 누가 만들었는지를 살핍니다. 그러므로 여러분의 신뢰를 높이고 싶다면 작업물을 정리하는 작업이 필요합니다. 민팅한 NFT와 구매한 NFT를 하나의 웹사이트에 정리할 수 있는 '쇼타임(showtime.io)' 서비스를 이용해 보세요. 이더리움과 테조스 기반의 NFT 지갑을 연동하면 그 지갑으로 구매하거나 민팅한 NFT를 모아서 보여줍니다. 오픈씨 외의 NFT 마켓 플레이스에서 판매한 작품도 모아서 보여주므로 시간을 절약할 수 있습니다. 당장 첫 작품이 판매되지 않더라도 미래의 컬렉터는 여러분이 일회성 작가인지, 과거부터 꾸준히 활동해 온 작가인지를 확인할 것입니다. 지금이 아닌 나중을 위해 여러분의 작품을 일목요연하게 정리할 것을 추천합니다.

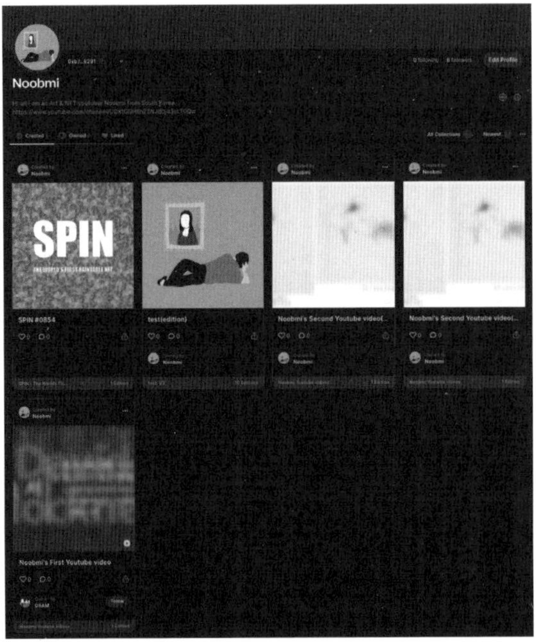

쇼타임 페이지

NFT 홍보와 관련한 팁은 현재 실물과 NFT 작품 활동을 하는 08AM 작가와 클하NFT 커뮤니티를 만든 킹비트 님과의 인터뷰를 통해 작성했습니다.

실전! 홍보하기

1. 트위터 이용해 정보 얻기

① 좋아하는 작가 계정의 팔로워 리스트를 살피거나, NFT 관련 태그를 검색해 NFT 관련 정보를 얻는다. '트위터 스페이스' 실시간 음성 커뮤니케이션에 참여하는 것도 방법!

② 다른 작가의 NFT 작품에 '좋아요'를 누르거나 리트윗해 홍보해 주고, 자신의 NFT 작품도 홍보한다.

2. NFT 관련 커뮤니티 찾기

① 클하 NFT
가장 활발한 국내 NFT 클럽하우스 커뮤니티로 NFT에 대한 다양한 주제와 가벼운 이야기가 넘친다. 부담 없이 참여해 정보를 얻고 홍보한다.

② NFT'z
NFT 작가와 NFT 투자자 게시판이 따로 있으며, 자유롭게 NFT를 소개하고 홍보할 수 있다.

3. 홍보

① 민팅 전
NFT 민팅 전에 사전 홍보 계획을 짜서 가망 고객을 모으는 것이 좋다. 리트윗 이벤트 등을 기획할 수 있다.

② 민팅 후
사전 홍보 내용과 진행 상황을 꾸준히 노출한다. 작품이 판매되면 구매자에게 감사 인사를 전하고, 꾸준한 홍보를 부탁한다.

③ 에어드롭 이벤트

'좋아요'를 누르는 등 특정 미션을 수행한 사람을 추첨해 무료 NFT를 제공하는 이벤트도 좋다. 관련 태그를 넣어 트위터 검색에 노출되도록 한다.

4. 포트폴리오 정리

'쇼타임' 서비스를 NFT 지갑을 연동해 NFT 작품을 노출한다. 꾸준히 활동하는 작가라는 것을 알릴 수 있다.

PART 5

NFT 실전편: 컬렉터

너도나도 NFT 투자에 뛰어들고 있습니다. 번 사람은 벌었지만 잃은 사람은 잃었습니다. NFT는 투자로 가치가 있을까요? 사실, 어떤 투자도 성급하면 잃습니다. 여윳돈으로 신중하게 도전해 보세요. NFT 투자의 가치를 알면 분명 즐거운 일이 될 것입니다. 주의점과 유용한 웹사이트를 소개합니다.

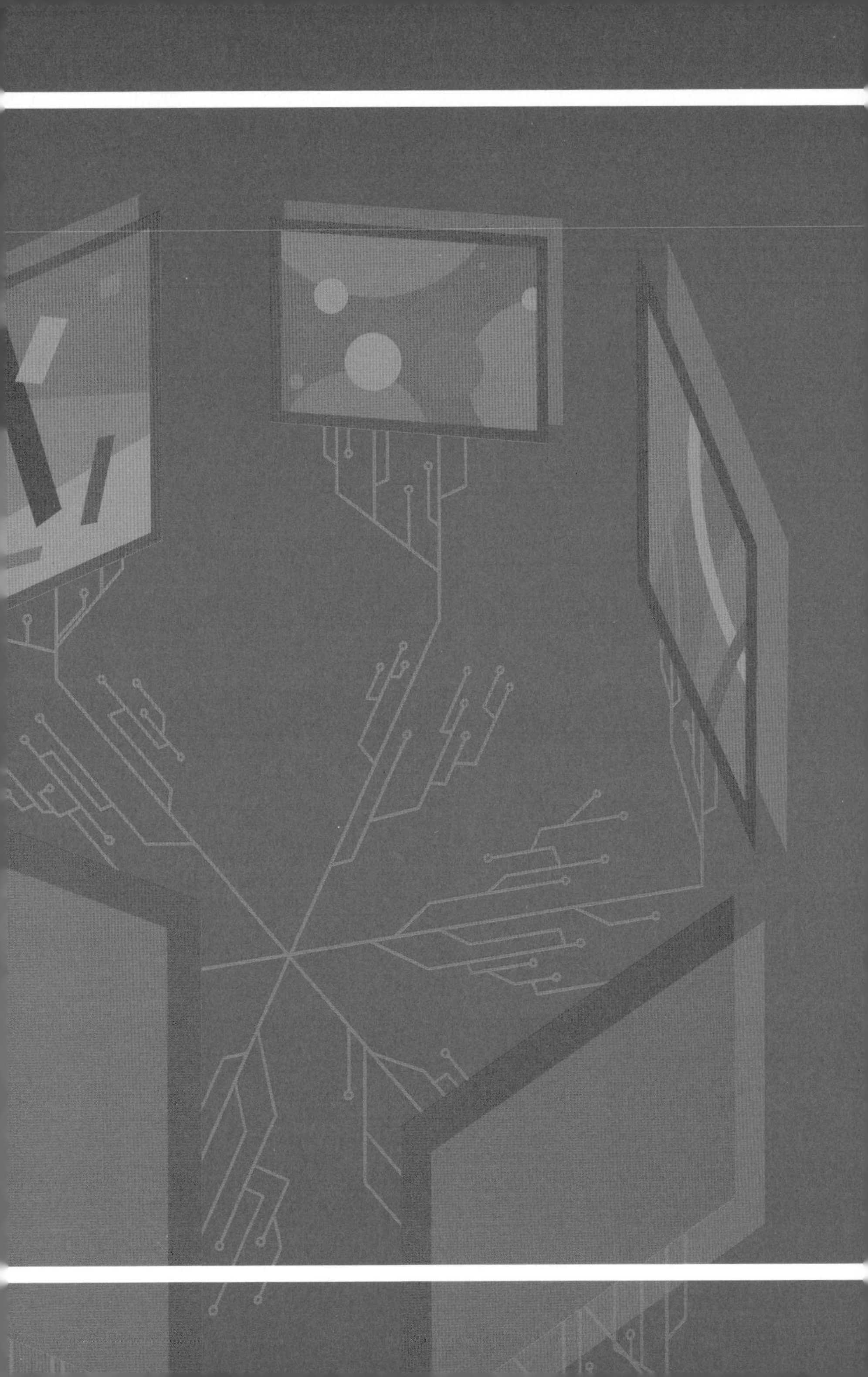

자산으로서의 NFT

NFT가 대중의 이목을 끈 이유는 '누가 얼마를 벌었다' 등의 돈과 관련한 이야기 때문일 것입니다. 저 또한 비플 작가의 크리스티 경매 낙찰 소식 때문에 관심 두게 되었죠. 최근에는 NFT가 팀 단위의 기업형 프로젝트로 확대되면서 다양한 NFT에 투자할 수 있게 되었습니다. 그래서 NFT를 투자 수단으로 접근하는 사람이 더 많아졌지요. 그렇다면 어떤 NFT를 구매해야 돈을 벌까요? 그 전에 투자 자산으로서의 NFT 가치에 관해 이야기하겠습니다.

풍문으로 움직이는 NFT 가격

NFT만큼 쉽게 시작할 수 있는 투자 자산은 아마 주식일 것입니다. 주식은 100년이 넘은 자산 시장으로 그간 모멘텀 투자, 퀀텀 투자, 가치 투자 등의 여러 투자 방법이 많은 사람에 의해 연구되고 검증되어 왔습니다. 반면, NFT는 10년이 채 되지 않은 새내기 시장입니다. 그래서 NFT는 아직 주식처럼 검증된 투자 방법이 없습니다. '유명인이 어떤 NFT를 보유했다, 대기업이 어떤 NFT와 제휴했다' 등의 뉴스에 의해 가격이 급등락하기도 하지요. 아무리 개인이 가치 있다고 생각한 NFT라도 이러한 뉴스가 나오지 않으면 사람들의 관심을 끌기 어렵고, 가격도 오르기 힘듭니다. NFT를 구매할 때는 NFT의 이러한 성격을 유념해야 합니다.

버는 것도 두 배, 잃는 것도 두 배

NFT는 보통 암호화폐로 구매합니다. NBA 탑 샷이나 일부 NFT는 미국 달러로 구매하기도 하지만 그런 것은 예외로 하겠습니다. 여기서 중요한 것은 NFT의 가격도 변동되지만, 암호화폐의 가격도 수시로 변동한다는 것입니다. 이러한 변동으로 NFT의 가치는 두 배가 오르기도, 절반이 되기도 합니다. 예를 들어, 1이더짜리 NFT를 구매할 때, 이더리움을 300만 원에 샀다면 실제 투자금은 300만 원이 됩니다. 이 NFT를 2이더에 팔면 수익은 100%입니다. 그런데 이더리움이 450만 원으로 오르면 2이더 × 450만 원인 900만 원이 됩니다. 첫 투자금 300만 원 대비 300%입니다. 반대로 1이더의 NFT를 0.5이더에 팔고, 이더의 가격이 300만 원에서 200만 원으로 떨어지게 되면 최종 100만 원만 남게 됩니다. 이렇게 하락할 때는 이중으로 영향을 받습니다. 이처럼 NFT 투자에는 NFT와 암호화폐 두 가지의 가치를 함께 판단해야 합니다.

현금화가 어려울 수 있다

NFT는 주식처럼 팔고 싶을 때 바로 팔 수 있는 자산이 아닙니다. 주식처럼 촘촘한 호가가 있는 시장이 아니므로 신중하게 접근해야 합니다. 매수자가 나타나지 않으면 순식간에 가격이 곤두박질치기도 합니다. 따라서 여윳돈으로 투자해 리스크에 대비하세요. 여윳돈이 아닌 돈으로 시간에 쫓겨 투자하면 헐값에 팔아야 하는 경우도 생깁니다.

어떤 NFT를 구매할까?

오늘도 많은 사람이 NFT 아트에 도전합니다. 그런데 다양한 NFT 작품 중에 어떤 작품을 구매해야 수익이 날까요? 작품의 예술성이란 개인의 판단에 따르기도 합니다. 그래서 앞으로 어떤 스타일의 작품이 인정받고 높은 가치를 띠게 될지 예측하기가 매우 어렵습니다. 작품의 예술성을 판단하는 것은 독자분들께 맡기겠습니다. 그리고 이 책에서는 투자 가치 있는 NFT 작품에 관해 이야기하기보다 안전하게 NFT를 구매하기 위한 팁을 이야기하겠습니다. NFT 시장에서는 거래에 대한 피해를 보상받을 길이 없기 때문입니다.

작품의 진위와 작가의 이력을 확인하자

마음에 드는 NFT를 찾았다면 창작자의 이력을 확인합니다. 진짜 그 작가가 만든 NFT가 맞는지, 해당 작가가 그간 어떤 작품 활동을 해왔는지를 살펴야 합니다. 디지털 작품은 복제가 쉬워서 남이 만든 작품을 내가 만든 것처럼 올릴 수 있습니다. 오픈씨에서는 NFT 상세 설명을 확인하면 알 수 있습니다. 작가의 계정으로 들어가면 트위터와 인스타그램이 연동되어 있습니다. 그런데 SNS도 사칭이 가능합니다. 그러므로 특히 고가의 작품을 구매할 예정이라면 작가에게 다이렉트 메시지를 보내 한 번 더 확인하는 게 좋습니다. NFT 시장에서는 본인 인증 절차가 없어서 사기를 당해도 사기범을 찾기 어렵습니다. 이렇게 SNS를 확인했다면 작가의 홈페이지 등을 통해 작품 이력을 살필 차례입니다. NFT에 살짝 발만 담갔다가 잘 안되면 활동을 중단하는 사람도 있습니다. 예술 작품을 구매하는 데 있어 중요한 건 해당 작가가 앞으로 꾸준히 작품 활동을 할 것인지입니다. 당장 가치를 인정받지 못해도 꾸준히 작업하는 작가는 나중에 높은 가치를 인정받기도 합니다. NFT도 엄연한 예술 작품이라고 생각하고 접근하는 것이 좋습니다.

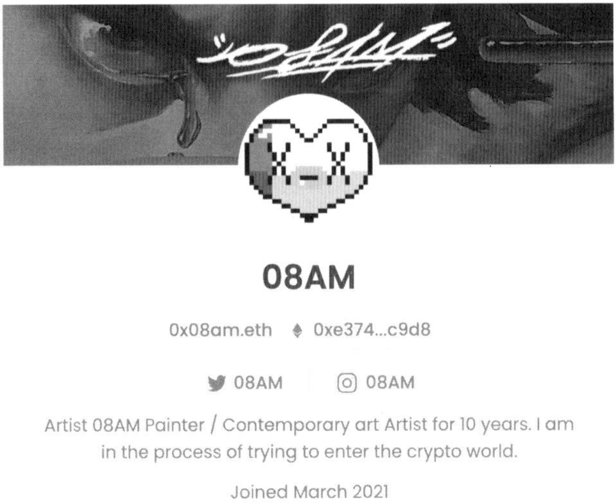

08AM 작가의 오픈씨 페이지
트위터와 인스타그램 등록 여부를 확인할 수 있다.

작가와 직접 대화하자

대부분의 NFT 작가는 트위터와 같은 SNS를 활발하게 사용합니다. 다이렉트 메시지로 작품에 대한 설명을 요청하면 성실히 답변해 주죠. 작가의 답변을 통해 작품 세계를 이해하고 공감한 뒤에 구매해도 늦지 않습니다. 작가를 응원하고, 그의 작품과 함께 성장한다는 마음으로 구매하시길 추천합니다.

지갑 주소를 확인하자

인기 있는 NFT의 경우 교묘하게 복제해 팔리기도 합니다. 작품명부터 프로필 이미지까지 실제 NFT와 굉장히 흡사합니다. 그러므로 NFT를 구매하기 전에, 작가나 프로젝트팀의 홈페이지에 접속해 민팅된 지갑의 주소와 같은지를 확인하세요. 홈페이지가 없다면, 트위터나 인스타그램 다이렉트 메시지를 보내 확인하시길 권합니다.

BAYC 홈페이지에 있는 인증된 주소 안내사항

한 번 더 생각하자

NFT뿐 아니라 주식과 암호화폐 등에 성급하게 투자하는 사람이 있습니다. 보통 투자 대상이 아주 마음에 들거나 지금이 아니면 돈을 벌 수 없을 것 같을 때 성급해집니다. 그러나 이렇게 급하게 구매해 성공하는 일은 드뭅니다. 기회는 지금이 아니어도 오기 마련이죠. NFT도 마음에 드는 작품은 계속 나옵니다. 따라서 아무리 매력적인 NFT를 발견하더라도 급하게 구매하지 마시고 작가의 SNS를 팔로우하고 수 개월 지켜본 뒤 구매하시길 권합니다. 사실 NFT를 안 산다고 해서 큰일이 벌어지는 것도 아닙니다. 항상 여유 있는 마음으로 신중하게 투자하시길 바랍니다.

NFT 사기 사례

NFT에는 다양한 사기 사례가 있습니다. 안전한 NFT 구매를 위해 지금까지 알려진 사기 사례를 소개합니다.

러그 풀

러그 풀은 양탄자를 뜻하는 러그(Rug)와 잡아당긴다는 뜻인 풀(Pull)의 합성어입니다. 양탄자 위에 사람들이 있는 상태에서, 양탄자를 잡아당겨 한순간에 사람들을 넘어뜨리는 것을 비유한 표현입니다.

암호화폐 시장에는 그럴듯한 비전과 스토리로 많은 사람의 투자금을 모아 한순간에 사라지는 러그 풀 사례가 존재합니다. 도지코인을 모방한 진도지(JINDOGE) 코인과 오징어 게임을 모티브로 한 스퀴드(SQUID) 코인이 러그 풀 사례에 해당합니다. NFT 시장에서의 러그 풀 사례는 솔라나 체인을 기반으로 한 '솔라이프(SOLIFE)'가 있습니다. 이 프로젝트는 솔 라이프를 NFT를 활용한 P2E 게임이라고 홍보하고는, 게임을 하려면 베이비 카드가 필요하다고 하며 베이비 카드를 솔라나 암호화폐로 판매한 후 잠적했습니다. 또 다른 러그 풀 사례로는 '캣슬(Catsle)'이 있습니다. 캣슬은 2021년 11월에 출시된 NFT로 21시간 만에 모든 NFT가 완판될 정도로 인기가 있었습니다. 당시 캣슬 프로젝트는 총 1만 마리의 고양이가 있고, 디파이 서비스를 진행하겠다는 로드맵을 공개했죠. 이후로는 NFT를 활용한 굿즈 출시 계획까지 발표했습니다. 그러나 두 달 후인 2022년 1월 21일, 돌연 '메인 계정 해킹으로 더는 프로젝트를 진행할 수 없다'라는 말과 함께 모든 SNS를 폐쇄하고 사라졌습니다.

이렇게 운영자가 사라지면 사실상 피해자들은 피해 보상을 받을 길이 없습니다. 보상을 요구할 대상이 없기 때문입니다. 따라서 NFT 구매는 개인이 충분한 조사를 해야 합니다.

더블 민팅

더블 민팅(Double Minting)은 작가가 A라는 작품을 민팅하여 판매한 후, 같은 작품을 다시 민팅하여 판매하는 행위입니다. 이 경우 엄밀히 따지면 저작권이 작가에게 있으므로 불법은 아닙니다. 그러나 희소성은 NFT의 가치를 결정하는 주요 요소 중 하나입니다. 같은 NFT가 또 나온다면 가치가 낮아지지요. 결론적으로 구매자에게 피해를 입히는 행위입니다.

실제로 2021년 12월, 국내 한 대형거래소의 NFT 마켓에서 어떤 작가의 NFT를 발매할 예정이었다가 더블 민팅으로 인해 돌연 취소한 적이 있습니다. 다행히 피해자는 없었지만, 언제든지 발생할 수 있는 사건입니다. 이러한 점을 염두에 두고 투자해야 합니다.

이메일 피싱

2022년 2월, 오픈씨에서 170만 달러(약 20억 원)가량의 NFT가 털렸다는 기사가 났습니다. 35명의 피해자가 피싱(phishing) 메일로 인해 254개의 NFT를 도둑맞았고, 오픈씨의 조치로는 일부 NFT만 돌려받았을 뿐입니다. 이메일 피싱이란, 신뢰할 수 있는 사람이나 기관이 보낸 이메일로 가장해 신용카드 비밀번호 정보 등 중요 정보를 빼내는 사기 수법을 말합니다. 이 사건으로 오픈씨의 책임 정도에 대한 논의가 왈가왈부합니다. 그러나 중요한 것은 NFT 구매자를 노리는 사람이 곳곳에 도사리고 있다는 것입니다.

앞선 사례 모두 개인이 보안에 주의해야 함을 시사합니다. 메타마스크 지갑을 만들 때 언급했지만, 특히 복구 문구는 절대로 누군가에게 알려주어서는 안 됩니다.

NFT 투자에 도움이 될 웹사이트

NFT 프로젝트들의 가격 변동부터 새로 시작하는 NFT 프로젝트, 급부상하는 프로젝트에 대해 쉽게 볼 수 있는 웹사이트를 소개합니다.

크립토아트(https://cryptoart.io)

크립토아트(cryptoart)는 이름에 걸맞게 NFT 아트에 전문적인 웹사이트입니다. 이 사이트에서는 크리스티(Christie's), 슈퍼레어(SuperRare), 니프티 게이트웨이(Nifty Gateway), 파운데이션(Foundation) 등 NFT 아트 전문 마켓 플레이스의 데이터를 참고

합니다. 오픈씨의 거래 데이터는 포함되어 있지 않습니다. 그래서 기성 NFT 아티스트들의 작품과 작가 현황을 보기에 가장 좋은 사이트입니다. 최고가 작가, 최근 거래된 작품, 최고가 작품, NFT 아트의 시장 전반에 대한 각종 월별 데이터를 볼 수 있습니다.

크립토아트 홈페이지

코인게코(https://www.coingecko.com/ko/nft)

코인게코(CoinGecko)는 암호화폐 데이터 플랫폼으로, 암호화폐 데이터뿐 아니라 NFT 정보도 제공합니다. 게코(gecko)라는 이름처럼 도마뱀 이미지가 사용됩니다. 이더리움 기반의 NFT 프로젝트 가격 데이터를 볼 수 있으며 바닥가(Floor Price, NFT 프로젝트에 민팅된 NFT 중 현재 가장 저렴하게 팔리는 가격), 24시간과 일주일 단위의 가격 변동, NFT 프로젝트의 시가 총액, 총보유자 수 등의 데이터를 볼 수 있습니다. 한 페이지에 여러 개의 프로젝트를 보여주기 때문에 비교해서 파악하기 좋습니다.

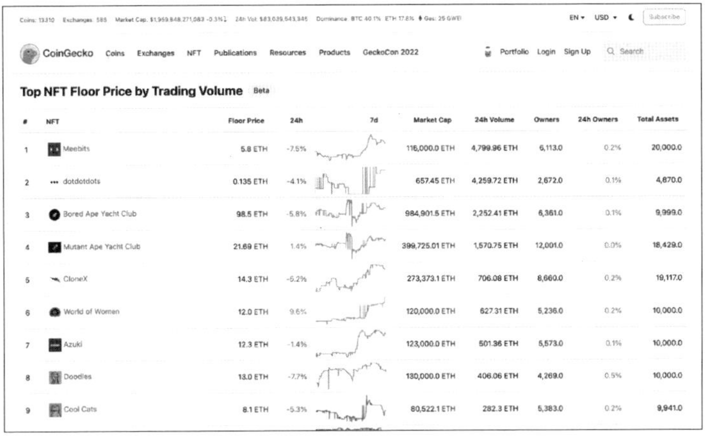

#	NFT	Floor Price	24h	7d	Market Cap	24h Volume	Owners	24h Owners	Total Assets
1	Meebits	5.8 ETH	-7.5%		116,000.0 ETH	4,799.96 ETH	6,113.0	0.2%	20,000.0
2	dotdotdots	0.135 ETH	-4.1%		657.45 ETH	4,259.72 ETH	2,672.0	0.1%	4,870.0
3	Bored Ape Yacht Club	98.5 ETH	-5.8%		984,901.5 ETH	2,252.41 ETH	6,361.0	0.1%	9,999.0
4	Mutant Ape Yacht Club	21.69 ETH	1.4%		399,725.01 ETH	1,570.75 ETH	12,001.0	0.0%	18,429.0
5	CloneX	14.3 ETH	-6.2%		273,373.1 ETH	706.08 ETH	8,660.0	0.2%	19,117.0
6	World of Women	12.0 ETH	9.6%		120,000.0 ETH	627.31 ETH	5,236.0	0.2%	10,000.0
7	Azuki	12.3 ETH	-1.4%		123,000.0 ETH	501.36 ETH	5,573.0	0.1%	10,000.0
8	Doodles	13.0 ETH	-7.7%		130,000.0 ETH	406.06 ETH	4,269.0	0.5%	10,000.0
9	Cool Cats	8.1 ETH	-5.3%		80,522.1 ETH	282.3 ETH	5,383.0	0.2%	9,941.0

코인게코 홈페이지 내의 NFT 페이지

코인마켓캡(https://coinmarketcap.com/ko/nft/)

코인게코가 이더리움 NFT만 보여준다면 코인마켓캡(coinmarketcap)은 이더리움, 솔라나, 바이낸스 스마트 체인 세 가지 블록체인의 NFT의 데이터를 제공합니다. 차별되는 특징은 앞으로 민팅될 NFT 프로젝트도 볼 수 있다는 것입니다. 기존의 NFT 외에 직접 인기 있을 만한 NFT 프로젝트를 찾아보려는 분들에게 유용한 웹사이트입니다.

코인마켓캡 홈페이지

뎁레이더(https://dappradar.com/nft)

뎁레이더(DappRadar)는 NFT뿐만 아니라 디파이 서비스 데이터까지 보여주는 사이트입니다. NFT 마켓 플레이스마다의 거래량, 순위 정보와 이더리움, 솔라나, 왁스, 폴리곤 등 12개의 블록체인 NFT의 데이터를 모아서 보여줍니다. 지금까지 소개한 사이트 중 가장 많은 블록체인의 데이터를 확인할 수 있으며, 블록체인별 NFT 거래 규모를 쉽게 비교할 수 있습니다.

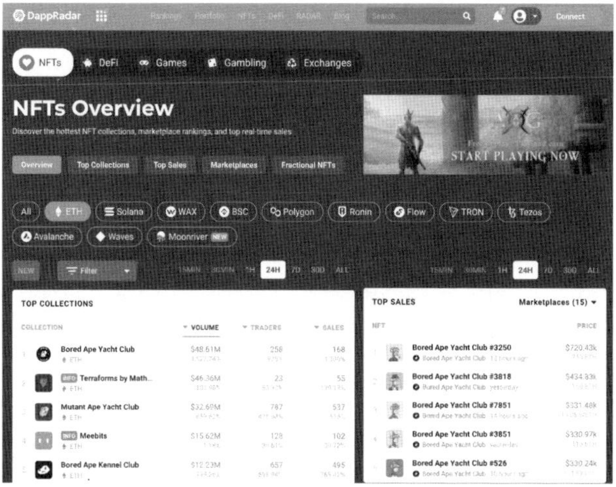

덥레이더 홈페이지

덱사타(https://dexata.kr)

덱사타(dexata)는 클레이튼 기반의 NFT 프로젝트 데이터를 확인할 때 매우 유용합니다. 캔들 차트 형태로 데이터를 제공해 익숙하기도 하죠. 처음 사이트에 접속하면 원화 대비 클레이의 가격 차트가 나오므로 설정을 변환해야 합니다. 아래 이미지의 붉은 상자 부분을 변경하세요. 차트를 보면 거래된 가격을 확인할 수 있으므로 NFT를 거래할 때 참고할 수 있습니다.

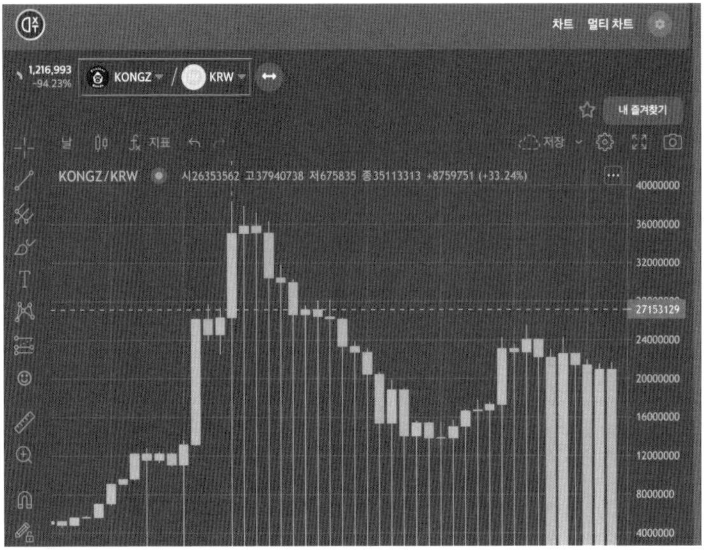

덱사타 홈페이지에서 확인한 <메타콩즈> 차트

NFT 캘린더(https://nftcalendar.io/)

NFT 캘린더는 새롭게 민팅하는 NFT 프로젝트에 대한 정보를 제공합니다. 이더리움, 솔라나, 폴리곤 등 10개 이상의 블록체인별 NFT 프로젝트를 확인할 수 있으며, NFT 민팅 일정에 따라 '오늘 진행 중, 다가오는 일정, 현재 진행 중, 새로 등록된 일정' 네 가지로 구분해서 볼 수 있습니다. 단, 검증된 NFT 프로젝트가 등록된 건 아니므로 직접 찾아서 검증하는 절차가 필요합니다. 또한 누구나 이 사이트에 자신의 NFT 민팅 일정을 등록할 수 있으나, 10개 중 1개 정도만 승인됩니다.

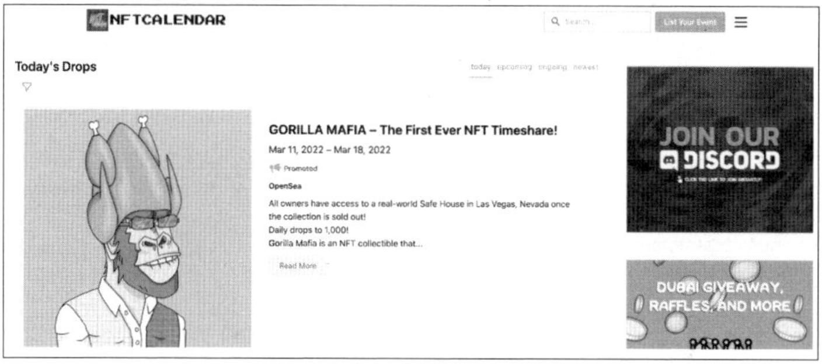

NFT 캘린더 웹사이트

각 사이트에 대한 자세한 내용은 유튜브 영상을 통해 확인할 수 있습니다.

각종 NFT 정보
사이트(유튜브)

실전! NFT 구매 팁

1. 작품 확인하기

① 작품의 진위와 작가의 진실성을 확인하는 건 기본이다. 구매하고자 하는 NFT 작품의 창작자 홈페이지, SNS를 통해 작가 이력, 작품 설명, 철학 등을 꼼꼼히 살피고, 더 궁금하다면 다이렉트 메시지를 보내 묻기를 망설이지 않는다.

② NFT 작품에 민팅된 지갑의 주소가 작가의 주소와 동일한지 확인한다.

2. 성급한 투자는 금물

작가의 SNS를 최소한 두 달가량은 지켜보고 투자할 것을 권한다. 마음에 드는 NFT 작품은 계속 나오기 마련. NFT는 작품 가격의 등락도 있지만, 암호화폐 가격의 등락에도 요동친다. 신중한 투자는 어떤 투자에서도 성립한다.

3. 도움이 될 웹사이트

① 크립토아트(https://cryptoart.io)
크리스티, 슈퍼레어, 파운데이션 등의 NFT 마켓 플레이스 데이터를 제공한다. 작가 현황, 최고가 작가, 최근 거래된 작품, NFT 관련 월별 데이터를 볼 수 있다. 단, 오픈씨는 포함되어 있지 않다.

② 코인게코(https://www.coingecko.com/ko/nft)
암호화폐 데이터 플랫폼으로 NFT 관련 정보도 함께 제공하는 웹사이트. 이더리움 기반의 NFT 프로젝트 가격 데이터를 제공하며, 한 페이지에 여러 프로젝트를 보여주므로 비교하기 용이하다.

③ 코인마켓캡(https://coinmarketcap.com/ko/nft/)
이더리움, 솔라나, 바이낸스 스마트 체인 세 가지 블록체인의 NFT 데이터를 제공한다. 앞으로 민팅될 NFT 프로젝트 정보를 제공한다는 점이 특징이다.

④ 뎁레이더(https://dappradar.com/nft)

NFT뿐 아니라 디파이 서비스 데이터까지 보여주는 웹사이트. 가장 많은 블록체인 데이터를 확인할 수 있으며, NFT 마켓 플레이스별 거래량, 순위 정보 등을 제공한다.

⑤ 덱사타(https://dexata.kr)

클레이튼 기반 NFT 프로젝트 데이터를 제공한다. 익숙한 캔들 차트로 보여주므로 파악이 용이하다.

⑥ NFT 캘린더(https://nftcalendar.io/)

이더리움 외 10개 이상의 블록체인별 새롭게 민팅되는 NFT 프로젝트 정보를 제공한다. 단, 검증된 NFT 프로젝트만 제공하는 게 아니므로 직접 작품에 대해 찾아 검증해야 한다.

PART 6

NFT 아트를 하는 사람들

이 책을 준비하면서 NFT 분야에 새롭게 도전한 작가, NFT의 가능성을 보고 커뮤니티를 만든 운영자 등 NFT와 관련한 다양한 사람을 인터뷰했습니다. 앞에서 담지 못한 이야기를 이번 파트에서 풀어내고자 합니다. 이들의 경험이 NFT 아트를 처음 시작하는 분들께 도움이 되길 바랍니다.

NFT 아티스트 08AM

NFT는 어떻게 시작하셨나요?

NFT 아트는 클럽하우스에서 알게 되었고, 디지털 소유권을 판매한다는 것에 대한 호기심에 시작했습니다. 다른 작가님들과 함께 열심히 공부했어요. 저는 기존의 NFT 작가님들과 달리 오픈씨에서 NFT 작품을 판매했는데, 우연히 제 작품이 가장 먼저 팔리면서 강연도 하게 되고, 연사로 초청되기도 하는 등 나름 명성을 얻게 되었습니다. 우리나라 작가로서는 첫 판매였고, 외국인이 사셨어요. 가치도 많이 올랐습니다. 이렇게 소문이 나서 많은 작가님이 오픈씨에서 판매를 시작하셨습니다. 사실 오픈씨는 누구나 NFT를 등록하고 판매할 수 있어서 퀄리티가 낮다는 인식이 있었는데, 제 작품이 팔리면서 더 많은 분이 도전할 수 있는 장이 된 것 같습니다.

08AM 작가

NFT 아트를 시작하며 어려웠던 점은?

저는 실물 작업을 하던 아티스트입니다. 그래서 디지털에 대해서는 잘 몰랐어요. 그런 상태에서 NFT 아트에 도전하다 보니

우여곡절이 많았죠. 스토리를 만들고, 디지털 작품에 액션과 모션을 넣는 기술을 적용하는 데서 오는 부담감이 컸습니다. 디지털 작품이지만 작업하다 보면 미디어에 가까워지는 부분이 있고요. 그리고 작업 스타일상 생각한 대로 안 되면 지우고 새로 시작하는 편이라, 실패와 성공을 반복하는 데서 오는 스트레스가 강했습니다. 앞으로도 다양한 시도를 하며 성공과 실패를 겪는 데 많은 시간을 쓰게 될 것 같습니다.

NFT를 판매하기 위한 팁이 있을까요?

일단, 트위터는 필수입니다. 가장 중요한 홍보 수단이기 때문이죠. NFT를 만들고 나서 바로 판매하기보다 트위터 등에 홍보용 티저나 예고편을 만들어 올리세요. 내가 언제, 누구와 어떤 작품을 계약하는지를 언급해 NFT에 대한 정보를 많이 노출하는 게 좋습니다. 또, 트위터를 하는 주변 지인에게 홍보를 부탁하고, 홍보해 줄 사람이 마땅치 않으면 직접 NFT 작가나 NFT에 관심이 있는 사람을 초대하세요. 손품을 팔아야 하지만 적극적으로 홍보하기를 권합니다.

내 작품을 궁금하게 만드세요. 작품이 팔리는 과정, 판매에 관한 감사 메시지 등을 공유하세요. 팔로워가 0이어도 괜찮습니다. 다른 NFT 작가를 응원하고, 그들이 정서적으로 도움이 되면 여러분을 팔로우할 것입니다.

에어드롭 이벤트도 기획해 볼 수 있습니다. 무료 NFT를 제공하는 거죠. 이런 이벤트를 좋아하는 사람이 생각보다 많은데, 무료라서 좋아한다기보다 어떤 작품이 뜨게 될지 모르니 소장하고 싶은 마음일 거예요. 이벤트를 기획했다면 태그를 달아 적극적으로 알리면 됩니다. 그러나 에어드롭은 때로 독이 되는 방법이기도 합니다. 기획한다면 한두 번 정도, 텀을 길게 해서 진행하시길 권합니다.

작가님은 어떤 기준으로 컬렉팅하시나요?

저는 투자 개념은 아니고, 갖고 싶은 작품을 소유하는 편입니다. 또, 작품을 구입할 때는 작가의 정체성을 확인할 수 있는 웹사이트, 오픈씨에 공개되는 정보, SNS를 모두 꼼꼼히 확인합니다. 예전에 스캠, 더블 민팅으로 구입한 작품이 삭제된 적이 있거든요. 디지털 작품인 만큼 신중하게 구매하고 있어요.

08AM 인터뷰(유튜브)

국내 미디어 아티스트 J

미술계에서 NFT가 갖는 의미는 무엇일까요?

기존의 미술계에서는 작품을 알리고 판매하려면 갤러리에 의존해야 했습니다. 갤러리 전시 오프닝에 참여해 인사하고 작품을 소개하며 세일즈해야 했지요. 그러나 NFT가 나오면서 갤러리와 같은 중간자가 사라지고 창작자와 컬렉터가 플랫폼에서 일대일로 만나는 세상이 열렸습니다. 커뮤니티, 트위터, 오픈 채팅방 등이 작가들이 활발하게 참여하는 이유죠.

저는 나아가 작가가 컬렉터와의 접점을 직접 생산하는 게 중요하다고 생각합니다. 그 안에서 능동적으로 내 작품을 이해하고 소장해 줄 수 있는 컬렉터를 만나야 합니다.

저는 팬덤 기반의 커뮤니티를 직접 만들었습니다. 디스코드 플랫폼을 이용해 국내외 커뮤니티를 만들었는데요. 원래는 저 혼자뿐이었는데, 지금은 몇천 명 정도 활동하고 있습니다. 제 작품을 보고 싶어 하고, 제 작품에 관해 이야기 나누고 싶어 하는 분들이죠. 내 작품을 누가, 어떻게 사용하느냐에 따라 다른 결과물이 나온다는 게 즐겁고 조만간 이 결과물들을 모아 새로운 작업을 할 생각입니다. 개인적으로는 이런 팬들이 계시기에, 온전히 작업할 수 있는 시간도 늘었습니다. 결국, 참여자들이 예술가가 되는 경험을 주는 게 저에게는 홍보이고 마케팅 전략이라고 할 수 있습니다. 참고로 제 디스코드 커뮤니티는 비공개로 운영되고 있고, 하루에 한 번 랜덤으로 주소를 공개하고 있습니다. 진짜 관심이 있는 사람만 초대할 수 있다는 장점이 있습니다.

커뮤니티 구축을 위한 팁이 있을까요?

디스코드를 기준으로 말씀드리자면, 디스코드는 카카오톡 오픈 채팅방의 전문가 버전으로 볼 수 있습니다. 줌으로 회의도 할 수 있고, 클럽하우스처럼 음성 채팅도 할 수 있습니다.

처음 커뮤니티를 구축한다면, 거창하게 생각하기보다 '내가 중심이 되는 커뮤니티'를 만든다고 생각하세요. 디스코드가 어렵다면 네이버 밴드나 오픈 채팅방도 괜찮습니다. 그렇게 컬렉터가 될 만한 사람이 모였다면 하루에 한 번씩 인사하는 정도로 소통해 보세요. 대단한 혜택이나 정보를 제공하기보다 소소하게 작업 결과물을 올려 피드백을 받아보는 정도도 좋습니다.

커뮤니티를 구축할 때 주의할 것은 '목적'을 잃지 않는 것입니다. 이 커뮤니티는 '어떤 작가에게 관심이 있거나 알고 싶은 사람, 작품을 소유한 사람을 위한 공간'이라는 것을 분명히 해야 합니다. 광범위하게 '미술을 좋아하는 사람을 위한 공간'이라고 규정하면 정체성을 잃을 수 있습니다. NFT 시장에서는 작가에게 100명의 팬만 있어도 안정적으로 살아갈 수 있다고 생각합니다. 소소하게 나를 소개하고, 작업이나 세계관을 이야기하다 보면 팬이 모일 것입니다.

커뮤니티 운영의 애로 사항이 있나요?

저는 디스코드를 처음 접할 때 시스템을 익히는 데 오랜 시간이 걸렸습니다. 포토샵을 처음 접했을 때처럼 버벅거리고, 에러가 나고, 회원가입조차 되지 않았죠. 그런데 누구나 그렇습니다. 처음 접하는 것들에는 누구나 생소함을 느끼고 힘이 듭니다. 그러나 세상에는 어려워서 안 하는 사람이 있고, 어려워도 하는 사람이 있죠. 저는 여러분이 '하는 사람'이었으면 좋겠습니다. 무덤덤하게 하다 보면 되기도 하니까요. 또, 커뮤니티 운영에 실패할 수도 있습니다. 안티가 생기기도 하고, 민심이 돌아서기도 합니다. 모든 사람을 만족시키고 설득할 수 없다는 걸 인정하고, 무수히 많은 사람 중 내 세계관을 이해하는 사람이 한 명은 있을 거라 믿는 게 중요합니다. 좋은 작가로 기억되면 의미 있는 게 아닐까요? 어렵지만, 시도하시면 좋겠습니다.

NFT 커뮤니티 매니저 킹비트

'클하NFT'는 어떤 곳인가요?

클하NFT는 NFT 작가 중심의 커뮤니티입니다. 현재 800명 정도가 활동하고 있으며 작가뿐 아니라 IT 기획자, 컬렉터 등이 모여 있습니다. 클럽하우스 플랫폼을 이용하기에 자유롭게 들어와서 일상을 공유하고 잡담도 하고 아이디어를 공유하는 등 생동감이 있습니다.

오픈 채팅방도 있는데, 오픈 채팅방은 조금 까다롭게 운영하는 편입니다. 작가는 작가명과 SNS 아이디를 공개해야 하고, 이 규칙을 지키지 못하는 사용자는 내보내고 있습니다. 오픈 채팅방을 운영하면서 한 번의 이사를 했는데, 단순히 정보만 취하고 교류하지 않는 분들을 내보내기 위해서였습니다. 이런 방 이사하기를 통해 적극적인 참여자 위주로 운영하고 있습니다. 제 커뮤니티 운영 노하우라고 볼 수 있습니다. 그래도 클럽하우스의 클하NFT에 들어오시면 청취자로 참여해 최신 정보와 트렌드를 읽어낼 수 있고, 좋아하는 작가를 팔로우할 수도 있습니다.

초창기 NFT 작가들의 활동은 어떠했나요?

우리나라는 2021년 3월부터 작가들이 본격적으로 NFT를 공부하고 도전하기 시작했습니다. 2020년 말부터 시작한 작가도 있지만, 이들은 완전 초기에 시작한 분입니다. 제가 처음 NFT를 접한 건 2021년 클럽하우스를 통해서였습니다. 그러나 너무 초창기여서 작가들조차 어떻게 NFT 작품을 만들어 홍보하고 판매할 수 있는지 모를 때였죠. 그래서 개인적으로 'NFT 구매에 필요한 것들'을 PDF 파일로 만들어 작가들을 돕기 시작했습니다. 지갑을 만들고 암호화폐를 사고 오픈씨에 가입하는 방법 등을 알려드린 거죠. 그렇게 본격적으로 커뮤니티를 만들어 활동하기 시작했습니다. 지금도 저희 커뮤니티는 '받은 만큼 돌려주자'라는 모토로 운영되고 있습니다.

NFT에 도전하는 작가에게는 자기 작품을 홍보하는 것이 매우 중요합니다. 만든다고 해서 누가 봐 주는 게 아니기 때문입니다. 당시 클럽하우스의 NFT 관련 해외방에서는 NFT 작가를 소개하는 자리가 많았습니다. 작가들은 영어에 대한 두려움을 무릅쓰고 그런 곳에 찾아가 두세 시간을 기다려 길면 5분밖에 되지 않는 시간에 자기소개와 작품을 소개하고는 했습니다. 연습까지 해서 말이죠. 현재 어느 정도 NFT 시장이 자리 잡은 것은 모두 작가들의 이러한 초창기 간절한 마음과 적극적인 행동 때문이라고 말씀드리고 싶습니다.

NFT 작가들에게 하고 싶은 말은 무엇인가요?

NFT 시장에서는 작품만으로는 승부를 보기 어렵습니다. 내 작품을 봐주고 구매할 사람이 있어야 하는데, 이런 것은 스스로 찾아다니는 수밖에 없습니다. 자기 작품이 정말 특별해서 유명한 사람의 눈에 띄어 소장될 수도 있지만, 이런 일이 발생할 확률은 매우 희박합니다. NFT를 민팅했다면 반드시 트위터를 통해 적극적으로 사람들과 교류하면서 자기 작품을 노출하세요. 용기를 갖고 사람들과 소통하는 것을 추천하며, 영어에 자신이 없으면 구글 번역기와 파파고의 힘을 빌리는 것도 좋은 방법입니다. 실제 초기 NFT 작가들은 번역기를 이용해 외국 사람들과 소통하였습니다. 작품을 알리는 데 주저하지 마세요.

킹비트 매니저 인터뷰 1(유튜브)

킹비트 매니저 인터뷰 2(유튜브)

에필로그

디지털로 변하는 세상

코로나19가 한창일 때 인테리어, 가전제품, OTT 회사의 주가가 많이 올랐었습니다. 사람들이 집에서 보내는 시간이 많았기 때문입니다. 이렇게 돈은 사람이 시간을 많이 소비하는 곳에 몰립니다. 그렇다면 온라인에서 보내는 시간은 어떨까요? 지하철을 타면 90% 이상의 사람이 스마트폰을 들여다보고 있습니다. 그만큼 많은 사람이 온라인에서 시간을 보내고, 디지털화한 세상을 익숙하게 생각하고 계시죠. 이를 보면 앞으로 디지털 관련 산업과 자산에 돈이 몰리리라 예상할 수 있습니다. 그리고 디지털 세상에 소유권을 주는 NFT의 가능성 또한 무궁무진하다고 볼 수 있습니다.

NFT 크리에이터 되기, 망설이지 마세요

NFT는 이제 막 시작되었습니다. 아직도 NFT를 모르는 사람이 많지만, 하루가 멀다고 많은 기업이 NFT 시장에 뛰어드는 것을 보면 NFT의 대중화도 멀지 않아 보입니다. 창작 활동을 하고 있는 작가라면 빨리 NFT를 시도하시길 추천합니다. 활동의 스펙트럼이 넓어지고, NFT의 결실을 볼 수 있을 것입니다. 물론, 시작한다고 바로 NFT 작품이 팔리는 것도 아니고, 디지털 툴과 홍보 방법 등을 배우는 수고가 필요합니다. 그러나 지금 이 순간에도 누군가는 NFT를 통해 그 기회를 잡고 있죠. 차근차근 준비하시면 반드시 성과가 있을 것입니다.

NFT 투자는 보수적으로 접근하세요

NFT를 투자 자산으로 생각하고 뛰어드는 사람이 많습니다. 하지만 분명한 것은 NFT는 변동성이 매우 크다는 것입니다. 유튜브에는 NFT로 백 배의 수익을 냈다는 사람도 있지만, 반대로 백 배의 손해를 본 사람도 있습니다. 미국 연방준비제도이사회의 금리 인상 이슈, 러시아의 우크라이나 침공 등 굵직한 이슈는 NFT의 근간이 되는 암호화폐 시장에 큰 영향을 미칩니다. 단순히 투자 자산으로만 NFT를 생각한다면 차라리 100년 넘게 운영된 주식에 투자하는 게 더 나을 수 있습니다. 내재 가치의 측정조차 어려운 NFT보다 다양한 방법으로 연구되는 주식이 안전하죠. 그러므로 NFT에 투자한다면 보유한 자산의 아주 일부만 투자하는 게 좋습니다. 그 경험으로 발전시킨다면 좋은 투자가 될 것입니다.

준비하는 자가 기회를 잡습니다

NFT 시장에 뛰어들지 않은 분들도 NFT의 원리와 활용에는 꾸준히 관심 가져야 합니다. 개인적으로 저는 암호화폐에 관해 섣불리 나름의 결론을 내린 데에 아쉬움이 있습니다. 우리나라에 비트코인 붐이 일어난 게 2017년입니다. 그때 저는 비트코인을 17세기 네덜란드의 튤립 파동 같은 거품처럼 생각했습니다. 당시 카카오뱅크 개발자인 지인과 암호화폐에 관해 이야기하다가 지인의 '암호화폐는 블록체인 기술로서의 의미가 있지만, 투자는 조금 더 지켜봐야 한다'라는 말과 TV에서 본 얕은 지식으로 '암호화폐는 이상한 것'이라고 단정해 버렸습니다. 그때 한 번이라도 공부했다면 2020 비트코인 폭등기의 수혜자가 되지 않았을까 상상해 봅니다. NFT 역시 마찬가지입니다. 어떤 분은 '디지털 파일에 무슨 소유권이 있냐, 거품이다'라고 생각할 것입니다. 그러나 외면해 버린다면 2020년의 저처럼 좋은 기회를 놓칠 수 있습니다. 여러분은 저와 같은 실수를 하지 않으셨으면 좋겠습니다.

이 책은 여기에서 끝나지만 NFT 시대는 이제 시작입니다. NFT에 대한 최신 정보는 제가 운영하는 유튜브와 카카오뷰 채널을 통해 계속 전달해드릴 예정입니다. 저와 함께 NFT에 꾸준히 관심 두고 지켜보며 그 속에서 새로운 기회를 찾길 바랍니다.

유튜브 채널 https://www.youtube.com/c/눕미NFT
인스타그램 @Noob_mi
트위터 @Noobmi_
카카오뷰 채널 카카오톡에서 '눕미' 검색

알기 쉽게 정리한 NFT 매매 용어

1

1/1 ART

세상에 딱 한 개만 존재하는 특정 작품의 NFT를 의미합니다. 보통 생각하는 단 하나뿐인 예술 작품을 생각하면 됩니다. 1/1 Art와 반대되는 개념은 에디션(Edition)입니다.

A

AMA(Ask me anything)

NFT 커뮤니티에서 프로젝트 개발진이나 운영진이 투자자들의 질문을 받고 응답하는 것을 말합니다. NFT 프로젝트팀과 소통할 기회이므로 매매 전에 중요한 과정입니다.

D

DAO(Decentralized Autonomous Organization)

흔히 '다오'라고 하며, 탈중앙화된 자율조직을 뜻합니다. 중앙에서 관리하는 주체 없이 개인이 자율적으로 투표하고 의사 결정을 해 운영하는 조직을 말합니다. 일반적으로 블록체인을 활용해 합의된 소프트웨어에서 동작하며, 투명하고 정해진 규칙에 따라 의사 결정이 이루어집니다. 따라서 모든 참여자는 블록체인에서 만들어진 토큰을 보유하고 참여자의 권리를 갖습니다.

F

FOMO(The Fear of Missing Out)

'놓치는 것에 대한 두려움'을 뜻하는 용어로 NFT 커뮤니티에서 자주 사용되는 말입니다. 다른 사람들은 NFT 민팅으로 돈을 버는데 나는 그 파티에 끼지 못해 뒤처지는 두려움을 느낄 때 사용합니다.

O

OG(Original Gangster)

'매우 초창기에 NFT 프로젝트에 진입한 사람'을 뜻하는 용어로 NFT 프로젝트 내에서 자주 사용되는 단어입니다. 힙합 문화에서 유래했으며, 존경의 의미로 사용됩니다. NFT 프로젝트에서는 프리세일 시 OG에게 화이트리스트보다 먼저 민팅할 수 있는 혜택을 주기도 합니다.

P

P2E(Play to Earn)

게임 플레이를 하면서 돈을 버는 것을 뜻합니다. 주로 게임을 진행하면서 각종 아이템을 획득하고 그 아이템을 통해 암호화폐를 얻는 시스템으로 이뤄집니다. 여기서 얻은 암호화폐는 거래소에서 달러나 원화로 환전할 수 있습니다.

PFP(Profile Picture)

프로필 사진처럼 사람이나 캐릭터의 상반신 이미지로 된 NFT를 말합니다. 〈크립토펑크〉와 〈BAYC〉가 대표적입니다.

ㄱ

거버넌스(Governance)

공동의 목표를 위해 책임감 있고 투명하게 의사결정을 수행할 수 있는 장치를 의미합니다. 어떤 NFT 프로젝트는 NFT를 소유함으로써 해당 프로젝트의 운영에 참여할 수 있는 권리(거버넌스)를 제공하기도 합니다.

경쟁화리

화이트리스트 자격을 얻은 사람들끼리 경쟁을 통해 NFT를 민팅하는 경우를 말합니다. 예를 들어, 100개의 NFT가 프리세일을 진행하는데 화이트리스트에 포함된 사람이 100명이 초과하면 선착순 등의 경쟁을 통해 NFT를 민팅할 수 있습니다. 물론, 화이트리스트 자격을 얻은 사람 100%가 민팅에 성공하는 것은 아닙니다. 이 경우는 '확정화리'라고 합니다.

고래

암호화폐나 NFT를 다량 보유하고 있는 사람을 일컫는 용어입니다.

ㄷ

다이아몬드 핸즈(Diamond Hands)

직역하면 '다이아몬드 손, 다이아몬드를 쥐고 있는 손'이라는 뜻으로 특정 NFT를 구매해서 오랫동안 보유하고 있는 것을 의미합니다. 다이아몬드 핸즈는 수익이 날 거라는 믿음으로 위험한 상황에도 매도하지 않을 때 사용하는 말이며, 반대로 단타매매를 하는 사람을 '페이퍼 핸즈(Paper Hands)'라고 합니다.

더블 민팅(Double Minting)

작가가 A라는 작품을 민팅하여 판매한 후, A 작품을 다시 민팅해 판매하는 행위를 말합니다. 이런 경우, 작품의 희소성이 훼손되어 작품의 가치가 떨어지게 됩니다.

ㄹ

러그 풀(rug pull)

직역하면 '양탄자를 잡아당겨 그 위에 있는 사람을 쓰러트리는 행위'를 의미합니다. NFT에서는 민팅 후 NFT 프로젝트팀이 돈을 들고 잠적하는 사기 형태를 일컫습니다.

리빌(reveal)

직역하면 '드러내 보이다'라는 뜻입니다. 대부분의 NFT 프로젝트에서는 처음 NFT를 민팅할 때 카드의 뒷면과 같은 형태의 이미지를 제공합니다. 이후 퍼블릭세일까지 끝나면 본래의 이미지를 공개하는데, 이것을 리빌이라고 합니다. 리빌 전까지는 내가 어떤 이미지의 NFT를 샀는지 알 수 없습니다. 대부분의 NFT 프로젝트는 이런 리빌 과정을 진행합니다.

ㅁ

민팅(Minting)

NFT를 발행한다는 뜻입니다. 자세한 내용은 PART 3에 자세히 나와 있습니다.

ㅂ

바닥가(Floor Price, FP)

특정 NFT 프로젝트 내에서 최저가 NFT를 뜻하는 용어로, NFT 프로젝트의 현재 가치를 판단하는 기준으로 사용됩니다. NFT 프로젝트의 가치가 오르면 매수 경쟁이 일어나 바닥가가 오르고, NFT 프로젝트의 가치가 떨어지면 바닥가도 떨어지는 현상이 발생합니다. 바닥가는 오픈씨에서 NFT 프로젝트를 검색하면 쉽게 확인할 수 있습니다.

백커(backer)

재정적인 후원자를 뜻하며, NFT 프로젝트에 어떤 백커가 있느냐에 따라 초기 흥행에 중요한 요소로 작용하기도 합니다. 유명인이 백커가 들어왔다고 하면 해당 프로젝트 대한 기대 심리가 생기기 때문입니다.

ㅅ

소각

NFT 민팅 후 남은 물량을 모두 없애 버리는 것을 말합니다. 남은 NFT를 소각하면 기존의 NFT가 희귀해지므로 가격이 상승할 수 있지만, 거래량이 줄어들 위험이 있어 꼭 좋다고만은 볼 수는 없습니다.

스캠(scam)

사기를 의미합니다. 주로 각종 SNS 다이렉트 메시지를 통해 영어로 '화리를 얻었으니 지금 민팅에 참여하라'라며 사이트 주소를 남기는 방식으로 일어나는데, 해당 주소에 들어가 지갑을 연결하면 지갑의 자산이 모두 빠져나갈 수 있습니다.

ㅇ

암호화폐 지갑

암호화폐를 보관하는 계좌와 비슷하지만, NFT 세계에서는 ID로도 사용됩니다. 오픈씨와 같은 마켓 플레이스를 이용하려면 지갑과 연동해야 합니다. 지갑은 블록체인마다 다르며, 대표적인 지갑으로는 이더리움의 '메타마스크', 클레이튼의 '카이카스'가 있습니다.

에어드롭(air drop)

직역하면 '공중에서 떨어뜨린다'라는 뜻으로, 이벤트 등을 통해 NFT를 무료로 받는 것을 의미합니다. 암호화폐 시장에서는 기존 암호화폐 소유자들에게 무상으로 코인을 배분하여 지급하는 행위를 일컬으며, 주식의 '무상증자'와 비슷한 개념으로 볼 수 있습니다.

ㅈ

제너러티브 아트(Generative art)

예술의 한 장르로, 컴퓨터의 알고리즘을 통해 랜덤으로 생성되는 이미지를 말합니다. NFT 프로젝트 대부분이 이런 방식으로 작품 제작이 이루어집니다.

ㅊ

챗굴

NFT 프로젝트를 운영하는 디스코드 방에서 채팅을 통해 경험치를 얻어 레벨을 올릴 수 있으며, 이를 통해 화이트리스트 자격이나 OG 자격을 얻기도 합니다.

ㅍ

퍼블릭세일(Public sale)

프리세일 이후 공개적으로 NFT를 판매하는 것을 뜻합니다. 퍼블릭세일은 누구나 참여할 수 있고 선착순으로 진행됩니다. 인기 있는 NFT 프로젝트는 순식간에 완판되기도 합니다.

프리세일(Pre-sale)

'사전 판매'를 뜻하며, 공식 판매 가격보다 조금 더 낮은 가격에 NFT를 살 수 있습니다. 프리세일에 참여할 수 있는 자격은 몇몇 미션을 완료하여 화이트리스트 자격을 얻으면 됩니다.

ㅎ

홀더(Holder)

NFT를 소유한 사람을 말합니다.

화이트리스트(White List)

특정한 사람들만 서비스받을 수 있도록 별도로 정리한 명단을 뜻하며 흔히 줄여서 '화리'라고 합니다. 화이트리스트 자격을 얻으면 NFT 프로젝트의 초기 론칭할 때 진행하는 프리세일에서 조금 더 저렴하게 NFT를 구매할 수 있습니다. 화이트리스트에 포함된 것을 '화리를 얻었다', '화리를 땄다'라고 표현합니다.

확정화리

화이트리스트 명단에 있는 사람 모두가 경쟁 없이 NFT 민팅을 할 수 있는 경우를 말합니다. 반대로 화이트리스트에 있는 사람들끼리 경쟁해서 NFT를 민팅해야 하는 상황을 '경쟁화리'라고 합니다.

희귀도(Rarity)

대부분의 NFT 프로젝트는 어떤 요소로 NFT를 구성했느냐에 따라 희귀도가 다르며, 희귀도가 높은 NFT는 시장에서 높은 가격에 책정됩니다. 〈크립토펑크〉에서는 매우 희귀한 외계인 캐릭터 NFT가 일반인 캐릭터 NFT보다 비싸게 거래되었습니다.